dLv

Meinen Lieben

Werner Gitt

Zeit und Ewigkeit

cLv
Christliche
Literatur-Verbreitung e.V.
Postfach 110135 · 33661 Bielefeld

Der Autor: Prof. Dr.-Ing. *Werner Gitt*, 1937 in Raineck/Ostpr. geboren. Von 1963 bis 1968 absolvierte er ein Ingenieurstudium an der Technischen Hochschule Hannover, das er als Dipl.-Ing. abschloss. Von 1968 bis 1971 war er Assistent am Institut für Regelungstechnik an der Technischen Hochschule Aachen. Nach zweijähriger Forschungsarbeit promovierte er zum Dr.-Ing. Von 1971 bis 2002 leitete er den Fachbereich Informationstechnologie bei der Physikalisch-Technischen Bundesanstalt (PTB) in Braunschweig. 1978 wurde er zum Direktor und Professor bei der PTB ernannt. Er hat sich mit wissenschaftlichen Fragestellungen aus den Bereichen Informatik, numerische Mathematik und Regelungstechnik beschäftigt und die Ergebnisse in zahlreichen wissenschaftlichen Originalarbeiten publiziert. Seit 1966 ist er mit seiner Frau Marion verheiratet. Im September 1967 wurde Carsten und im April 1969 Rona geboren.

1. Auflage 1999
2. Auflage 2002
3. Auflage 2005

© by CLV • Christliche Literatur-Verbreitung
Postfach 11 01 35 . 33661 Bielefeld
Internet: www.clv.de
Umschlag: Dieter- Otten, Gummersbach
Satz: CLV
Druck und Bindung: Ebner & Spiegel, Ulm

ISBN 3-89397-420-2

Inhaltsverzeichnis

Vorwort

Das Problem mit der Zeit: Über das Phänomen Zeit haben Menschen aus den unterschiedlichsten Jahrhunderten nachgedacht, wobei sie zu keiner rechten Erklärung kamen. *Augustinus* (354–430) sagte hierzu: „Was ist Zeit? Wenn mich jemand fragt, weiß ich es. Will ich es einem Fragenden erklären, so weiß ich es nicht." 1½ Jahrtausende später kann der englische Philosoph und Mathematiker *Alfred North Whitehead* (1861–1947) der Verwirrung des *Augustinus* nur seine eigene Frustration hinzufügen: „Es ist unmöglich, über die Zeit nachzudenken, … ohne von der Empfindung der Begrenztheit menschlicher Intelligenz überwältigt zu werden." Der australische Professor für mathematische Physik und Wissenschaftsphilosophie an der Universität Adelaide *Paul Davies* schreibt im Vorwort seines Buches „Die Unsterblichkeit der Zeit" [D1, S. 10]: „Das Rätsel Zeit fasziniert die Menschen seit jeher. Die ersten schriftlichen Zeugnisse verraten Verwirrung und Angst über das Wesen der Zeit … Die herkömmliche Darstellung der Zeit überlässt uns hilflos einem Chaos aus Rätsel und Widersprüchen." Nicht nur das Wesen der Zeit bereitet den Denkern Kopfzerbrechen, auch ihre Herkunft erweist sich als Problem. *Davies* geht wie viele andere – aber längst nicht alle – unserer Zeitgenossen von der Urknalltheorie aus, findet aber auch dort keine Antwort auf den Ursprung der Zeit [D1, S. 18]: „Trotzdem fällt es der Urknalltheorie noch ziemlich schwer, überzeugend darzulegen, wie das Universum als Folge eines physikalischen Prozesses aus dem Nichts entstehen konnte. Für den größten Erklärungsnotstand sorgt dabei die Frage, wie die Zeit selbst auf natürliche Weise entstehen konnte. Wird die Wissenschaft den Beginn der Zeit überhaupt jemals innerhalb ihres Rahmens abhandeln kön-

nen?" Auch *Einsteins* Relativitätstheorie hat den erhoff-
ten Durchbruch nicht gebracht [D1, S. 34]: „Die von *Einstein* eingeleitete Revolution bleibt unvollendet. Wir warten immer noch auf ein vollständiges Verständnis des
Wesens der Zeit."

Warum ist etwas so Grundlegendes wie Zeit so wenig ver-
stehbar und so schwer zu erklären? Der Psychologe *John
Cohen* meint: „Wir haben es hier mit einem tiefen Myste-
rium zu tun, im besten Sinne des Wortes – es liegt einer-
seits im Herzen menschlicher Erfahrung und andererseits
in der Natur der Dinge."

Die Herausforderung dieses Buches: Die oben genannten
Aussagen zeigen deutlich, dass uns nur ein ganz neuartiger Zugang bei dem Problem „Zeit" weiterhelfen kann.
Diese Herausforderung nehmen wir an, um mittels einer
neuen Denkweise das Ziel zu erreichen. Das Phänomen
Zeit ist von so herausragender Bedeutung für unser Leben, dass ich eine erneute Auseinandersetzung damit für
unbedingt erforderlich halte.

Zunächst wollen wir die Zeit als eine rein physikalische
Größe betrachten und sie von daher beschreiben. Dies
tun wir zunächst gemäß dem Motto des japanischen Philosophen *Masanao Toda* [D1, S. 323]: „Niemand kann an-
scheinend behaupten zu wissen, was Zeit ist. Dennoch gibt
es diesen mutigen Menschenschlag, die Physiker, die diesen schwer fassbaren Begriff zu einem der Grundsteine
ihrer Theorie machten." Erst danach kommen wir zum
Hauptteil des Buches, in dem wir die Zeit in zentraler und
neuartiger Weise als anthropologische Größe behandeln.
Der dritte Teil des Buches beschäftigt sich schließlich mit
dem, was uns jenseits der Zeit erwartet: die Ewigkeit.

Lesehinweis: Das Buch wurde so geschrieben, dass es allgemeinverständlich ist und damit einen weiten Leserkreis ansprechen kann. Aus meiner Sicht sind die Teile II und III die wichtigsten des Buches. Diese können auch für sich allein gelesen werden, ohne dass der physikalische Teil I durchgearbeitet werden muss.

Dank: Das Manuskript wurde von der Sprachwissenschaftlerin *Dörte Götz* (Dipl. Übers.) durchgesehen, nachdem ich zuvor mit meiner Frau alles durchgesprochen habe. Auf diese Weise erhielt ich zahlreiche Hinweise und Vorschläge für Ergänzungen, die zur inhaltlichen Verbesserung oder zum besseren Verständnis des Buches führten. Für diese engagierte Mithilfe bin ich beiden sehr dankbar.

Werner Gitt

Teil I

Die Zeit –
eine physikalische Größe

1.1 Das verbindliche Maßsystem für physikalische Größen*

Die früheren Maßeinheiten wie z. B. Elle, Meile, Pferde-stärke, Kalorie gehören längst der Vergangenheit an und sind durch das leicht handhabbare SI-System** ersetzt worden, bei dem es keine komplizierten Umrechnungs-faktoren mehr gibt. Alle nur denkbaren physikalischen Einheiten lassen sich nun auf ein Basissystem von sieben

---

* Das Internationale Einheitensystem (Systeme International d'Uni-tes) mit dem in allen Sprachen gleichen Kurzzeichen SI ist 1960 von der *11. Generalkonferenz für Maß und Gewicht (CGPM)* eingeführt worden. Es beendete ein über hundertjähriges Durcheinander mit einer Vielzahl von Einheiten und Einheitensystemen. Das SI wur-de in verschiedenen internationalen Gremien des Messwesens entwickelt, in denen für die Bundesrepublik Deutschland die Physi-kalisch-Technische Bundesanstalt und das Deutsche Institut für Nor-mung (DIN) mitgewirkt haben. Im internationalen Einheitensystem unterscheidet man zwei Klassen: *Basiseinheiten* und *abgeleitete Ein-heiten.*

** Die Effektivität des SI-Systems soll hier an einem schwierigen Beispiel demonstriert werden. Die Einheit der **magnetischen Fluss-dichte** ergibt sich aus Spannung × Zeit / Fläche: $1 \, \text{Vs/m}^2$. Erweitern wir den Bruch, indem wir Zähler und Nenner mit 1 Ampere (A) multiplizieren, dann ergibt sich $1 \, \text{VAs/Am}^2$ bzw. $1 \, \text{Ws/Am}^2$. Setzen wir nun für $1 \, \text{Ws} = 1 \, \text{kgm}^2/\text{s}^2$ ein (siehe Einheit der Energie, S. 17), dann finden wir $1 \, \text{kgm}^2/(\text{A} \times \text{m}^2 \text{s}^2)$ oder $1 \, \text{kg}/(\text{A} \times \text{s}^2)$. Damit ist die magnetische Flussdichte nur mit Hilfe der o. g. Basiseinheiten aus-gedrückt: $1 \, \text{kg}/(\text{A} \times \text{s}^2) = 1 \, \text{T} \, (= 1 \, \text{Tesla})$. Diese ist gleich der Flä-chendichte eines homogenen magnetischen Flusses vom Betrage 1 Weber (Wb), der eine Fläche von $1 \, \text{m}^2$ überall senkrecht durch-setzt. Hier ist der amerikanische Physiker *Nikola Tesla* (1856–1943) der Namensgeber, der ab 1881 das Prinzip des Elektromotors mit rotierendem Drehfeld (Drehstrommotor) entwickelte und 1887 das Mehrphasensystem zur elektrischen Energieübertragung angab.

voneinander unabhängigen Grundgrößen zurückführen,
von denen die *eine* die Zeit ist:

- – Länge   (Einheit:. 1 Meter, m)
- – Masse   (Einheit: 1 Kilogramm, kg)
- – Stromstärke   (Einheit: 1 Ampere, A)
- – Temperatur   (Einheit: 1 Kelvin, K)
- – Stoffmenge   (Einheit: 1 Mol, mol)
- – Lichtstärke   (Einheit: 1 Candela, cd) und
- – **Zeit**   (Einheit: 1 Sekunde, s).

Für diese **Basiseinheiten** gibt es eine eindeutige, international festgelegte physikalische Definition [X1]. Alle uns bekannten (oder evtl. noch zu kreierenden) Einheiten, die im Zusammenhang mit der Materie stehen, sind ausschließlich von einigen dieser Basiseinheiten abgeleitet. Durch die beiden Punktrechenarten Multiplikation bzw. Division sind sie miteinander verknüpft. Immer dann, wenn die sich ergebende Einheit zu unhandlich oder zu unanschaulich wird, gibt man ihr einen neuen Namen mit einer entsprechenden Abkürzung. Meistens stammt der Name von einem international bekannten Physiker. An einigen Beispielen von abgeleiteten Einheiten sei dies gezeigt:

Für die **Geschwindigkeit** gilt Länge/Zeit; daraus folgt für ihre Einheit 1 Meter/Sekunde = 1 m/s.

Wegen der Beziehung Kraft = Masse × Beschleunigung ($F = m \cdot b$) folgt für die Einheit der **Kraft** $1 \, kg \cdot m/s^2$. Die neue Einheit der Kraft ist nach dem englischen Physiker *Isaak Newton* (1643–1727) benannt, der als der Begründer der klassischen theoretischen Physik anzusehen ist: $1 \, N \, (= 1 \, Newton) = 1 \, kgm/s^2$.

Die (mechanische) **Energie** errechnet sich aus Kraft × Weg; daraus folgt für ihre Einheit 1 (kg·m/s^2) · m = 1 kgm^2/s^2 = 1 J. Die Einheit J (= 1 Joule = 1 Nm = 1 Ws) ist nach dem englischen Physiker *James P. Joule* (1818–1889) bezeichnet, der das mechanische und elektrische Wärmeäquivalent bestimmte.

Kehren wir nun wieder zur Zeit zurück:

1.2 Die Einheit der Zeit

Die **physikalische Einheit der Zeit** ist die **Sekunde**. Früher wurde sie als der 86 400ste Teil eines mittleren Sonnentages festgelegt. Der mittlere Sonnentag* ist jedoch

---

* **Zeiteinteilung:** Den Tag als ein Zeitmaß zu wählen, bot sich an, denn es war eine Anknüpfung an ein allseits bekanntes Naturphänomen. Ihn in zweimal 12 Stunden zu teilen und dann jede Stunde in 60 Minuten zu 60 Sekunden weiter zu unterteilen, war reine Willkür. Viel bequemer wäre es gewesen, hätte man auch für die Zeiteinteilung das bewährte Zehnersystem eingeführt. Kein Naturgesetz deutet darauf hin, dass die Sekunde als Zeiteinheit besonders vorgegeben oder in der Alltagspraxis besonders nützlich sei. So beruht auch die Festlegung der Dauer einer Sekunde auf reiner Willkür.

Uhr des Straßburger Münsters: Unter den vielen im Laufe der Jahrhunderte konstruierten Uhren verdient ein Exemplar in besonderer Weise erwähnt zu werden: Es ist die Straßburger Münsteruhr. Das Osterdatum fällt gemäß einer Definition des Konzils von Nizäa (325) auf den ersten Sonntag, der auf den ersten Vollmond nach Frühlingsanfang (21. März) folgt. Kann ein mechanisches Gerät wohl ein so verzwickt festgelegtes Datum anzeigen? Die Uhr des Straßburger Münsters vermag dies und vieles andere. Sie ist damit etwas ganz Besonderes, denn sie hat bereits die Funktion einer Rechenmaschine.

nicht konstant; gegenwärtig wächst seine Dauer um 1,8 Millisekunden (1 ms = 0,001 s) pro Jahrhundert an. Daher reichte diese Definition für die modernen Anforderungen nicht mehr aus. Aus diesem Dilemma hilft nur eine neue Festlegung. Seit 1967 gibt es daher eine neue Definition für die Sekunde. Auf der *13. Generalkonferenz für Maß und Gewicht* von 1967 wurde international beschlossen, was hinfort eine Sekunde sein soll. Eine Sekunde ist danach als das

> 9 Milliarden 192 Millionen 631 Tausend 770-fache der Periodendauer

einer charakteristischen Schwingung im Caesiumatom (genauer: das Nuklid ^{133}Cs) definiert und wird mit Hilfe von Caesium-Atomuhren realisiert. Die Sekunde ist demnach in über 9 Milliarden Teile eines physikalischen Vorgangs zerhackt! Die Zeitmessung wird somit auf einen Zählvorgang zurückgeführt. Mit entsprechenden technischen Geräten kann aufgrund dieser Festlegung jederzeit und an beliebigen Orten die Einheit der Zeit reproduziert werden.

1.3 Zeitmessung mit Atomuhren

In der *Physikalisch-Technischen Bundesanstalt* (PTB) in Braunschweig stehen zwei der genauesten Caesium-Atomuhren [B1]. Diese Uhren CS1 und CS2 gehören bezüglich ihrer Unsicherheit zur Weltspitze. CS2 (siehe **Bild 1**) ist seit 1985 in Betrieb und hat eine so hohe Ganggenauigkeit, dass sie rein rechnerisch in 2 Millionen Jahren – wenn die Erde noch existierte und es sie dann noch auf der Erde gäbe – nur 1 Sekunde Abweichung von der idealen Uhr hätte. Das entspricht einer **relativen Unsicherheit*** von nur $1{,}6 \times 10^{-14}$. Die Ermittlung der Ganggenauigkeit geschieht nicht durch Vergleich mit einer anderen Uhr – denn diese ideale Vergleichsuhr gibt es ja nicht – sondern durch rechnerische Abschätzung des Einflusses aller beteiligten Parameter der Uhr CS2.

Das in Atomuhren verwendete Caesium 133 (^{133}Cs) ist kein radioaktives Material; es ist also stabil und hat die bemerkenswerte Eigenschaft, dass es bei einer vergleichsweise niedrigen Temperatur von 28 Grad Celsius schmilzt. Vereinfacht dargestellt geschieht im Innern von Atomuhren Folgendes: Es wird ein Strahl von freien Caesiumatomen erzeugt. Sie werden so präpariert, dass sie sich alle in einem von zwei möglichen Energiezuständen befinden, und anschließend in einem Resonator (auf elektromagnetischen Schwingungen basierend) mit Mikrowellen bestrahlt werden. Durch diese Einwirkung ändert sich der Energiezustand der Atome, und sie gehen in den bisher unbesetzten Energiezustand über, wenn die Frequenz des Mikrowellenfeldes gerade mit der Eigenfrequenz der Caesiumatome übereinstimmt. Beim Übergang vom einen in den anderen Energiezustand emittieren (lat. *emittere* = herausgehen lassen, ausschicken) oder absorbieren (lat. *absorbere* = verschlucken, verschlingen) die Atome ihrerseits elektromagnetische Wellen mit einer ganz bestimmten Schwingfrequenz, die als Naturkonstante anzusehen ist. Diese stellt nun das quantenmechanische Normal der

---

* **Relative Unsicherheit:** Dieser Zahlenwert ergibt sich, wenn man die mögliche zeitliche Abweichung ($\Delta t = 1\,$s) auf den betrachteten Zeitraum ($t = 2$ Millionen Jahre) bezieht: $\Delta t / t = 1\,\mathrm{s}/6{,}3 \times 10^{13}\,\mathrm{s} = 1{,}6 \times 10^{-14}$. Auf einen Tag bezogen sind das 1,4 Nanosekunden.

Bild 1: *Caesium-Atomuhr CS2 der Physikalisch-Technischen Bundesanstalt Braunschweig (Foto: PTB Braunschweig).*

Frequenz dar, das die Grundlage für die „genaue Zeit" bildet. Nun kommt es nur noch darauf an, eine Apparatur, d. h. eine Atomuhr, zu konstruieren, mit der diese naturgegebene Frequenz möglichst sicher und genau gemessen werden kann. Aus messtechnischen Gründen ist dies dann am besten möglich, wenn die Wechselwirkungszeit zwischen Caesiumatomen und der Mikrowellenstrahlung möglichst lang ist. Dies erreicht man wiederum durch möglichst langsame Atome.

Bei der primären Uhr CS2 liegt das Strahlrohr waagerecht, bei der CS4 steht es senkrecht. Bei der neuesten Entwicklung, der Springbrunnenuhr [C1], wird eine Methode angewandt, für die *Steven Chu*, *Claude Cohen-Tannoudji* und *William Phillips* 1997 den Physik-Nobelpreis erhielten. Ihnen war es gelungen, Atome mit Hilfe von

Laserlicht extrem niedrig, nämlich auf wenige Mikrokelvin (mK) nahe bei der absoluten Temperatur von -273 Grad Celsius abzukühlen und wie einen Bienenschwarm als Wolke von einigen Millionen Atomen einzufangen. Die Atome – vorher durch die Umgebungstemperatur zum rasenden Zickzackkurs angetrieben – bewegen sich in solch einer magnetooptischen „Falle" (MOF) nur noch gemächlich mit einigen Millimetern pro Sekunde.

Nach diesem Prinzip sind die Atome „quasi eingefroren" und es ist eine Quelle kalter Atome entstanden. Wird das Laserlicht auf definierte Weise kurzzeitig in seiner Schwingungsfrequenz „verstimmt", so kann den gekühlten und eingefangenen Atomen ein gezielter Schups aufwärts gegeben werden: Sie fliegen mit etwa 4 m/s nach oben, steigen solange auf, bis die Schwerkraft ihre Bewegungsenergie aufgezehrt hat und fallen auf dem gleichen Weg wieder zurück. Dieses Szenario erinnert an einen Springbrunnen, daher der Name Springbrunnenuhr. Ebenso wie in einer gewöhnlichen Atomuhr werden auch hier die Atome in der Quelle in einem der beiden Energiezustände präpariert und wechseln ihren Energiezustand, wenn sie jeweils während ihrer Auf- und Abwärtsbewegung das Mikrowellenfeld eines Resonators passieren. Die Zeit der Wechselwirkung mit dem Mikrowellenfeld ist nun jedoch bedeutend länger geworden: Ein Stein, den man einen Meter hochwirft, braucht knapp eine Sekunde, bis er unten wieder ankommt. Genau so lange sind auch die Atome in einer Springbrunnenuhr mit dem Mikrowellenfeld in Kontakt, so dass das gemessene Resonanzsignal entsprechend schärfer ausfällt. Das Ziel, die Sekunde noch „schärfer" zu fixieren, ist mit dieser neuen Entwicklung zum Greifen nahe. Nach Fertigstellung der Konstruktion werden Genauigkeiten von 10^{-15} Sekunden erwartet. Es geht also um so kleine Abweichungen, dass eine derartige Uhr weniger als eine Sekunde in über 10 Millionen Jahren fehlginge.

Die Zeit ist jene physikalische Größe, die mit der höchsten Messgenauigkeit ermittelt werden kann. Braucht man nun diese hohe Präzision? Das soll im Folgenden an Hand der Navigation auf der Erdoberfläche verdeutlicht werden.

1.4 Positionsbestimmung mit Hilfe genauer Zeitmessung

a) Die fieberhafte Suche der Längengradbestimmung

Für die Schifffahrt auf hoher See ist die jeweilige Position von ausschlaggebender Bedeutung. Kennt man den Breiten- und Längengrad eines Schiffes auf dem Ozean, so ist die Position des Standortes damit eindeutig beschrieben. Während die Bestimmung des Breitengrades mit Hilfe der Gestirne möglich ist [G3, S.101-105], gibt es keine entsprechende Methode für die Ermittlung des Längengrades. Als man das heute übliche GPS-Verfahren (siehe Absatz b)) noch nicht zur Verfügung hatte, konnte die Standortbestimmung nur mit Hilfe der zurückgelegten Fahrstrecke ermittelt werden. Da sich die Strecke s als Produkt von Geschwindigkeit v und Fahrzeit t ($s = v \times t$) ergibt, müssen v und t ständig gemessen werden. Die Standortbestimmung auf den Ozeanen geschah also mit Hilfe der Zeitmessung. Hat man auf See keine geeigneten Uhren (d. h. seegängig und genau genug), dann wird nicht nur das Ziel nicht erreicht; es kann sogar lebensgefährlich sein. Zwei markante historische Ereignisse seien in diesem Zusammenhang genannt [B2, S. 155]:

– Die englische Flotte verlor **im Jahre 1691** mehrere Schiffe, weil die o. g. Navigationsmethoden der Kapitäne zu ungenau waren: Man wusste ganz einfach nicht mehr, wo man sich auf dem Meer befand.

– **Im Jahre 1707** kam es noch schlimmer: Ein aus Richtung Gibraltar kommendes Geschwader war bereits zwölf Tage unterwegs und glaubte vor der Bretagne zu sein, als es westlich von Cornwall in der nebligen Nacht des 22. Oktober auf die Klippen der Scilly-Inseln auflief. Der Verlust war gravierend: 2000 Mann und 4 Schiffe.

Zu damaliger Zeit segelte man möglichst in der Nähe einer sichtbaren Küste, da die Seeleute nicht imstande waren, die geographische Länge zu bestimmen. In buchstäblich Hunderten von Fällen sind Schiffe untergegangen, weil es auf See keine Methode der Längengradbestimmung gab. Geografische Positionen versuchte man aus der Geschwindigkeit des Schiffes und der Fahrzeit zu bestimmen. Hätte es genau gehende Uhren gegeben, so wäre die Schiffsposition auf offener See berechenbar gewesen, so aber musste man sich mit groben Schätzungen begnügen.

Die amerikanische Wissenschaftsreporterin *Dava Sobel* verfasste das bemerkenswerte und spannend geschriebene Buch „Längengrad" [S2] mit dem Untertitel „Die wahre Geschichte eines einsamen Genies, welches das größte wissenschaftliche Problem seiner Zeit löste". Sie schreibt darin [S2, S. 16ff]: „Die fieberhafte Suche nach einer Lösung für das Problem der Längengradbestimmung dauerte vier Jahrhunderte und erfasste ganz Europa. In der Geschichte des Längengrads spielen denn auch die meisten gekrönten Häupter eine Rolle, vor allem aber *Georg III.* von England und *Ludwig XIV.* von Frankreich. Seefahrer wie Kapitän *William Bligh* von der Bounty und der große Weltumsegler Kapitän *James Cook* prüften die erfolgversprechenden Verfahren an Bord ihrer Schiffe auf Genauigkeit und Brauchbarkeit. Berühmte Astronomen suchten nach Wegen, das Längengradproblem mit den Mitteln des Uhrwerk-Universums zu lösen. *Galileo Galilei*, *Jean Dominique Cassini*, *Christian Huygens*, *Sir Isaak Newton* und *Edmond Halley* – sie alle wandten sich an Mond und Sterne um Hilfe. In Paris, London und Berlin wurden königliche Sternwarten eigens zu dem Zweck errichtet, das Längengradproblem zu lösen. … Die Zeit verging, aber keine Methode brachte den Durchbruch, und so nahm die Suche nach einer Lösung des Längengradproblems legendäre Ausmaße an, vergleichbar mit der Suche nach dem Jungbrunnen, dem Geheimnis des Perpetuum mobile oder der Formel für die Verwandlung von Blei in Gold. Die Regierungen großer Seefahrernationen wie Spanien, die Niederlande und einige italienische Stadtstaaten stachelten regelmäßig die Leidenschaft der Forscher an, indem sie Belohnungen für eine nutzbare Methode aussetzten."

Um aus dieser Notlage herauszukommen, setzte das britische Parlament im Jahre 1717 einen hohen Preis aus. Gewinner sollte derjenige sein, dem es gelingen würde, eine *brauchbare Uhr für die Seefahrt* zu erfinden und zu bauen. Die Höhe der drei ausgesetzten Summen in dem „Longitude Act" war von der erreichten Genauigkeit abhängig, mit der die geografische Länge (Längengrad) ermittelt werden konnte:

- 10 000 Pfund Sterling bei einem Längengrad (1°)
- 15 000 Pfund bei 40 Minuten eines Längengrades und
- 20 000 Pfund bei einem halben Längengrad Abweichung.

Nach heutigen Begriffen waren das etliche Millionen DM. Wie bescheiden die Genauigkeitsanforderung war, wird deutlich, wenn man bedenkt, dass ein halber Längengrad auf dem Äquator immerhin 56 Kilometer ausmacht.

Ein junger Mann namens *John Harrison* (1693–1776) nahm diese Herausforderung an. Als 21-Jähriger begann er mit der Lösung der Aufgabe.

- Seine **erste Uhr** wog 35 kg,
- die **zweite** wurde 1739 fertig und wog 50 kg,
- die **dritte** brauchte einige weitere Jahre, aber auch diese befriedigte noch nicht,
- und **1759** wurde endlich die **vierte Uhr** fertig, die den Genauigkeitsanforderungen entsprach. *Harrison* schrieb darüber, dass kein mechanisches oder mathematisches Instrument auf der Welt herrlicher sei als diese Uhr.

Der Test auf hoher See wurde 1761 während einer Fahrt von Portsmouth nach Jamaika durchgeführt. Auf der Zwischenstation Madeira bestand die Uhr ihre erste Probe. Als der Kapitän sich 13° 50' westlich Greenwich wähnte, war man der Uhr nach auf 15° 19' – und die Uhr hatte Recht, wie die Ankunft in Porto Santo am nächsten Morgen bestätigte.

Erst **im Jahre 1772** – also 11 Jahre nach der glänzend bestandenen Testfahrt – erhielt *Harrison* den verdienten Preis. Er war inzwischen 79 Jahre alt geworden, als er nach Jahrzehnten politischer Intrigen, Fehden, akademischer

Verleumdungen, wissenschaftlicher Revolutionen und ökonomischer Umwälzungen den Preis für sein Lebenswerk erhielt.

Das geschilderte Ringen um die Längengradbestimmung macht deutlich, von welch gravierender Bedeutung die Zeitbestimmung für die Standortsbestimmung ist. Wenn heute an jeder beliebigen Stelle der Erde innerhalb weniger Sekunden auf den Meter genau die Position angegeben werden kann, dann ist das eine Folge der hochgenauen Zeitmessung mit Atomuhren.

b) Positionsbestimmung mit Hilfe von GPS

Heutzutage gelingt es, aufgrund der genauen Zeitmessung die Position von Schiffen auf den Ozeanen oder von Forschern in den Wüsten metergenau anzugeben. Dies geschieht mit dem „Global Positioning System" (GPS). 24 künstliche Erdsatelliten umkreisen die Erde. Je vier bewegen sich gemeinsam auf einer der sechs Umlaufbahnen und funken ihre Signale zur Erde. An Bord eines jeden Satelliten befinden sich vier Atomuhren. Die Bahnen sind so gewählt worden, dass weltweit und jederzeit mindestens vier Satelliten gleichzeitig genutzt werden können. Aus der sehr genau, auf wenige Nanosekunden messbaren Laufzeitdifferenz der Signale mehrerer Satelliten wird der geografische Ort dann rechnerisch ermittelt.

Ein anderes Beispiel: Als nach mehr als dreijähriger Flugzeit durch unser Planetensystem die Raumsonde *Voyager 1* rund zwei Milliarden Kilometer zurückgelegt hatte, sollten Aufnahmen von dem größten Saturnmond – dem Titan – zur Erde gefunkt werden. Es ist bemerkenswert, dass der vorausberechnete Zielpunkt nur um 19 km verfehlt wurde. Ein Zeitfehler von nur einer tausendstel Sekunde hätte eine Kursabweichung von Hunderten von Kilometern zur Folge gehabt.

1.5 Kürzeste und längste Zeitspanne

Die **kleinste Zeitspanne**, die die Physiker je messen konnten, ist die Lebensdauer bestimmter seltener Elementarteilchen, die nur für den billionsten Teil einer milliardstel Sekunde existieren. Von Atomkernen des Isotops Helium mit der Masse 5 (^{5}He) – sie sind fünfmal so schwer wie der Kern des Wasserstoffatoms – zerfällt die Hälfte aller Atome in der unvorstellbar kurzen Zeit von 2×10^{-21}s. Diese Zahl hat eine Null vor dem Komma und danach folgt erst auf weitere 20 Nullen eine Zwei:

0,000 000 000 000 000 000 002 Sekunden.

Oder anders ausgedrückt: $2 \times 10^{-12} \times 10^{-9}$ Sekunden; in Worten sind das zwei billionstel einer milliardstel Sekunde!

Fragen wir nach der **längsten Zeitspanne**, so ist es diejenige Zeit, die seit der Erschaffung dieser Welt vergangen ist. So sagte der Heidelberger Astrophysiker und Direktor der Sternwarte auf dem Königstuhl Prof. *Heinrich Vogt* (1890 – 1968) [M2]:

„Es ist der ganze Kosmos – der Raum und sein materieller Inhalt – ein zeitlich begrenzter Inhalt. Auch die Zeit hat mit der Entstehung des Kosmos begonnen. Was vor dem 'Zeitbeginn' war, das entzieht sich der naturwissenschaftlichen Forschung. Die der Naturwissenschaft zugängliche Raum-Zeit-Welt mündet dort in einen raum- und zeitlosen Bereich ein, den der Mensch verstandesgemäß nicht erfassen kann und der für ihn ein ewig unergründliches, göttliches Geheimnis bleibt."

1.6 Zeitkonstanten und Zeitabläufe

a) Zeitkonstanten und Schwingungsdauern in der Physik

In der Physik haben die verschiedenen reproduzierbaren Vorgänge eine unterschiedliche Dauer. Man spricht von der *Schwingungsdauer T* bei periodischen oder von der *Zeitkonstante T* bei nichtperiodischen Vorgängen. Schauen wir uns einige physikalische Konstanten an:

Halbwertzeit von Helium-5 (^{5}He): $T = 2 \cdot 10^{-21}$s

Halbwertzeit von Uran-235 (^{235}U): $T = 700$ Millionen Jahre. (Hinweis: Die Halbwertzeit hat nichts mit Alter zu tun!).

Schwingungsdauer eines Pendels mit $L = 20$ m Fadenlänge:
    $T = 2 \times \pi \times$ WURZEL$(L/g) = 8{,}973$ s mit Erdbeschleunigung $g = 9{,}80665$ m/s^2
    $T \approx 9$ Sekunden

Schwingungsdauer eines Pendels mit $L = 1$ m Fadenlänge:
    $T = 2{,}006$ s ≈ 2 Sekunden

Periodendauer T eines 440-Hz-Tones (= Kammerton a):
    $T = 1/f = 0{,}00227$ s $\approx 2\frac{1}{4}$ tausendstel Sekunden = $2\frac{1}{4}$ ms

Schwingungsdauer T eines ^{133}Cs-Atoms:
    Frequenz $f = 9\,192\,631\,770$ Hz
    (1 Hertz = 1 Hz = 1/s = 1 Schwingung pro Sekunde)

Schwingungsdauer $T = 1/f = 108{,}78 \cdot 10^{-12}$ s
$T \approx 100$ billionstel Sekunden = 100 ps

Die Wellenlängen des sichtbaren Lichtes liegen zwischen 380 und 780 nm (1 nm = 10^{-9} m = 1 milliardstel Meter). Bei grünem Licht von 540 nm beträgt die Periodendauer:

$f = v/\lambda; v = c = 299\,792\,458$ m/s (Lichtgeschwindigkeit)
$T = 1/f = \lambda/v = 540\,\text{nm}/299\,792\,458\,\text{m/s} = 1{,}8 \cdot 10^{-15}$ s
$T \approx 2$ billiardstel Sekunden = 2 Femtosekunden (fs)
= 2 millionstel Nanosekunden (ns)

Das sichtbare Licht hat also eine etwa 5000-mal kürzere Periodendauer als die Schwingungen des Caesiumatoms in den Atomuhren.

Ebenso gibt es Zeitkonstanten in vielen anderen Bereichen der Naturwissenschaft und Technik wie z. B. der Astronomie, der Biologie und der Chemie:

b) Zeiten in der Astronomie [G3]

Der schnellste bekannte Pulsar (PSR 1937+214) hat eine Periodendauer von $T = 0{,}001\,558$ s $\approx 1\,\frac{1}{2}$ tausendstel Sekunden.

– 1 Sterntag auf der Erde: $T = 23$ h 56 min 4,09 s (= Dauer der Drehbewegung der Erde um die eigene Achse, siderische Rotationsdauer)
– 1 Merkurjahr: 88 Erdtage (genauer Wert dieser siderischen Umlaufzeit: 87,97 Tage)
– 1 Merkurtag: 58,646 Erdtage (siderische Rotationszeit)
  Eine Merkwürdigkeit: Ein Sonnentag (= der zeitliche Abstand zweier gleicher Sonnenstände, z. B. Zeit von

Sonnenhöchststand zu Sonnenhöchststand = synodische Rotationsdauer um die eigene Achse) auf dem Merkur ist genau zweimal so lang wie ein Merkurjahr, denn $58,646/(87,97 - 58,646) = 2$.

- 1 Jupiterjahr: 11,862 Erdjahre
- 1 Jupitertag: 9 h 50 min 30 s (schnellste Eigenrotation in unserem Planetensystem)

c) Zeit in biologischen Systemen

Während die Zeitkonstanten der Physik und der Astronomie sehr genau angegeben werden können, unterliegen die biologischen Zeitkonstanten und Abläufe einer relativ weiten Streuung.

Wir leben 70-mal länger als das kleinste Säugetier, die Spitzmaus, und 1200-mal länger als eine Fliege. Auch Reaktionszeiten sind sehr unterschiedlich. Versuchen wir eine Fliege zu fangen, dann merken wir, wie augenblicklich sie reagiert. Ihre Augen erfassen sehr kurze Zeitintervalle. Sie kann auf eine zuschlagende Hand in weniger als einer hundertstel Sekunde reagieren. Unsere eigene Reaktionszeit beträgt eine Zehntelsekunde. Auch Vögel nehmen sehr viel kürzere Zeitintervalle wahr. Der Gesang vieler Vögel wirkt auf uns abwechslungsreich und melodiös. Nehmen wir ihn auf Band auf und spielen ihn langsamer ab, hören wir erheblich mehr Einzelheiten heraus als in einem „Live"-Konzert. Wir hören Geräusche, die von sehr kurzen Zeitintervallen unterbrochen sind, als zusammenhängende Laute. Die Vögel unterscheiden dagegen Geräusche noch als einzelne Laute, wenn sie durch so kleine Intervalle voneinander getrennt sind, die nur zwei Millisekunden oder weniger ausmachen.

Lebensrhythmus: Bei Tieren mit einem Rückgrat als Stützorgan (Chordatiere) ist die Herzfrequenz ein gutes Maß für den Lebensrhythmus. Auf 3,9 Herzschläge fällt bei diesen Tieren durchschnittlich ein Atemzug. Auch die anderen Körperfunktionen sind in ähnlicher Weise an die Herzfrequenz gekoppelt. Es ist bemerkenswert, dass die meisten Tiere mit langer Lebensdauer im Laufe ihres Lebens durchschnittlich auf dieselbe Anzahl von Herzschlägen kommen, nämlich 800 Millionen. Den Lebensrhythmus eines Tieres bezeichnet man als physiologische Lebensdauer. Bei Vögeln und Säugetieren hängt diese u. a. von der Körpergröße ab. Kleinere Säugetiere haben einen schnelleren Herzschlag und eine höhere Stoffwechselrate; das erhöht ihren Lebensrhythmus. Bei größeren Säugetieren ist das umgekehrt. Das kleinste Säugetier, die Spitzmaus, hat ein 30-mal schnelleres Leben als der Elefant. Für die Spitzmaus sind 24 Stunden so lang, dass sie diese in viele kleinere Aktivitäts- und Ruheintervalle einteilt. Innerhalb einer Erddrehung erlebt sie somit viele „Mause"-Tage. Das Herz der Spitzmaus schlägt ca. 1000-mal pro Minute (Dauer eines Herzschlags = 0,06 s), das des Elefanten nur 30-mal (Dauer = 2 s) und das des Wals 15-mal (Dauer: 4 s). Spitzmäuse leben maximal eineinhalb Jahre, viele Elefanten werden dagegen 50 Jahre alt und mehr.

Zeit = Wahrnehmung: Aus eigener Erfahrung wissen wir, dass sich die Tage während der Kindheit hinzuziehen scheinen; mit zunehmendem Alter vergehen sie weitaus schneller. Bei unserer Geburt rast das Herz mit 140 Schlägen pro Minute, und wenn wir erwachsen sind, sinkt die Frequenz auf 70 pro Minute. Die damit verbundene Stoffwechselrate beeinflusst die Länge der physiologischen Lebensdauer.

1.7 Andere Aspekte der physikalischen Zeit

1. Die Richtung des Zeitpfeils: Dass der Ablauf der Ereignisse in unserer Welt einer Richtung unterliegt, ist für jedermann augenfällig. Wir sprechen von der Unumkehrbarkeit der Ereignisse. Die Zeit erscheint uns gerichtet, quasi mit einem Pfeil, der von der Vergangenheit in die Zukunft weist, versehen zu sein. Wir Menschen erfahren uns selbst im Strom der Zeit, der uns unwiderruflich von der Geburt zum Tode führt. Eine Tasse, die wir vom Tisch stoßen, zerbricht. Man kann noch so lange sitzen bleiben und warten, dass sich die Scherben wieder zusammenfügen und die Tasse wieder auf den Tisch hüpft – nichts dergleichen geschieht.

Werfen wir einen Stein in einen Teich, so werden am Einschlagspunkt Wellen auf der Wasseroberfläche erzeugt, die konzentrisch nach außen weglaufen. Die diesen Vorgang beschreibende mathematische Gleichung ergibt auch eine Lösung, bei der die Zeit rückwärts läuft, d.h. ein Vorgang, bei dem alle Wellen vom Ufer zu einem Zentrum hinlaufen, dann verschwinden und sich ein Stein aus dem Wasser erhebt. Der letztere Vorgang – wie er in einem rückwärts laufenden Film zu sehen wäre – tritt in der Natur offenbar nicht auf.

So stellt sich die Frage, ob der Zeitpfeil, der für uns nur eine bestimmte Richtung hat, sich physikalisch begründen lässt. In der Tat gibt es ein physikalisches Gesetz, das eine Zeitrichtung auszeichnet. Gemäß dem Zweiten Hauptsatz der Thermodynamik kann man die Entropie als eine physikalische Größe definieren. Sie ist im Gegensatz zu uns geläufigen und messbaren Größen wie Temperatur oder Stromstärke eine physikalisch unanschauliche, aber dennoch mathematisch berechenbare Größe. Der Zweite Hauptsatz ist ein Naturgesetz, das u. a. aussagt, dass in einem ideal isolierten System (geschlossenes System) diese Entropie mit der Zeit monoton anwächst. Damit lässt sich die einseitige Richtung des Zeitpfeiles physikalisch begründen.

2. Die Relativität der Zeit: Die Relativitätstheorie ist die zusammenfassende Bezeichnung für zwei von *Albert Einstein* (1879–1955) aufgestellten physikalischen Theorien über die Struktur von Raum und Zeit. Nur wenige Erkenntnisse in den Naturwissenschaften haben eine solch revolutionierende Veränderung hervorgerufen wie die Einsteinsche Relativitätstheorie. Sie hat die Newtonsche Mechanik, in der Raum und Zeit als absolute Größen angesehen werden, zu einer allgemeineren Mechanik erweitert. Mit der bewährten Newtonschen Mechanik lassen sich solche Vorgänge beschreiben, bei denen alle vorkommenden Geschwindigkeiten im Vergleich zur Lichtgeschwindigkeit klein sind.

Nach der Relativitätstheorie bewegt sich der Zeitpfeil nicht mit konstanter Geschwindigkeit, sondern ist von der Bewegung des Systems abhängig. Die relativistische Zeitabweichung einer Uhr hängt von ihrer Geschwindigkeit v ab, mit der sie sich relativ zu einer Uhr in einem ruhenden System bewegt. Wie gering die Zeitabweichung selbst unter außergewöhnlichen Erdbedingungen ist, soll an Hand des folgenden Experiments gezeigt werden. Im Jahre 1971 flog eine Caesium-Atomuhr 15 Stunden an Bord eines Flugzeugs mit 278 m/s (= 1000 km/h). Sie zeigte gegenüber einer identischen Uhr auf der Erde danach eine Zeitverkürzung von $4,7 \times 10^{-8}$s. Das entspricht der nach *Einstein* erwarteten Zeitdilation (lat. *dilatio* = Aufschub,

Frist; hier: Verkürzung). Relativistische Effekte werden bedeutsam, wenn die Geschwindigkeiten einen merklichen Prozentsatz zur Lichtgeschwindigkeit ausmachen (z.B. Atomphysik, Astronomie). Die Lebensdauer von kurzlebigen Elementarteilchen kann sich beachtlich verlängern, wenn diese nahezu mit Lichtgeschwindigkeit fliegen.

Für die Bedingungen unseres Lebens auf der Erde sind die relativistischen Effekte der Zeit wegen der geringen Größe völlig unbedeutend. Darum wollen wir es hier mit den wenigen Hinweisen bewenden lassen.

Was Zeit aus physikalischer Sicht ist, wissen wir recht gut. Wie die laufenden Forschungen zur Entwicklung neuer Atomuhren zeigen, wird die Messgenauigkeit der Zeit ständig verbessert. Auch die physikalischen Eigenschaften der Zeit dürften weitgehend erforscht sein. Der bekannte amerikanische Physiker und Nobelpreisträger von

---

Zeitmaße: Im Folgenden sind einige übliche Zeitmaße mit ihren Umrechnungen genannt:

1 Jahr (lat. *annus*) = 1 a = 365 d = 8760 h = 31 536 000 s
1 Tag (lat. *dies*) = 1 d = 24 h = 86 400 s
1 Stunde (lat. *hora*) = 1 h = 60 min = 3600 s
1 Minute (lat. *minutus*) = 1 min = 60 s
1 Sekunde = 1 s = 1000 ms
1 Millisekunde = 1 ms = 10^{-3} s = 1000 μs
    (= 1 tausendstel Sekunde)
1 Mikrosekunde = 1 μs = 10^{-6} s = 1000 ns
    (= 1 millionstel Sekunde)
1 Nanosekunde = 1 ns = 10^{-9} s = 1000 ps
    (= 1 milliardstel Sekunde)
1 Pikosekunde = 1 ps = 10^{-12} s = 1000 fs (= 1 billionstel Sekunde)
1 Femtosekunde = 1 fs = 10^{-15} s (= 1 billiardstel Sekunde)

1965 *Richard P. Feynman* (1918 – 1988) sagte, dass die Zeit der Entdeckungen auf diesem Gebiet vorbei sei [F1, S. 210-211]: „Wir haben das große Glück, in einer Zeit zu leben, in der noch Entdeckungen gemacht werden. Es ist wie mit der Entdeckung Amerikas – es wird nur einmal entdeckt. Wir leben im Zeitalter der Entdeckung der fundamentalen Naturgesetze – eine aufregende, eine wunderbare Zeit, die aber nicht wiederkehren wird."

Zeit aber ist mehr als Physik! – und davon soll im Folgenden die Rede sein.

Teil II

Die Zeit –
eine anthropologische* Größe

---

* griech. *anthropos* = Mensch. Mit der Überschrift ist die zentrale
Frage gestellt: Was ist das Wesen der Zeit bei uns Menschen?

2.1 Einleitung

Mit einem Zitat des Nobelpreisträgers für Physik von 1933 *Erwin Schrödinger* (1887–1961), wollen wir uns hinführen lassen zu einem Aspekt der Zeit, der über die Physik hinausgeht. Zeit geht uns Menschen als Person an. *Schrödinger* sagte: „Denn die Zeit ist wahrlich unser gestrengester Herr, indem sie … das Dasein eines jeden von uns in enge Grenzen zwängt – 70 bis 80 Jahre, wie im Psalm 90 zu lesen ist."

Wo finden wir die beste Deutung der Zeit für unser Leben? In einem Physikbuch? Bei den Philosophen? Bei den Psychologen? Neben verschiedenen anderen unzutreffenden Auffassungen lehrten die griechischen Philosophen, dass die Zeit und ihre Ereignisse sich wie ein großes Rad drehen würden und wiederkehrenden Charakter hätten. Philosophie und Psychologie können zwar manch hilfreiche Denkanstösse geben, ihre Vorstellungen greifen jedoch zu kurz, um uns eine letzte und verbindliche Antwort zu geben.

Kein Mensch kann uns das wirkliche Wesen der Zeit hinreichend beschreiben. Wollen wir Tiefgründigeres und bleibend Gültiges erfahren, so müssen wir den befragen, der die Zeit gemacht hat. Viele Autoren sind sich darin einig, dass es Zeit nicht schon immer gab. Zeit gibt es erst seit der Schöpfung der Welt. Mit dem Raum und der Materie wurde auch die Zeit erschaffen. Konsequenterweise mussen wir uns an den Schöpfer wenden, wenn wir mehr erfahren wollen als mit physikalischen Messgeräten ermittelbar ist. In seinem Buch, der Bibel, hat er uns ausgiebig darüber informiert. Aus der Bibel entnehmen wir, dass es keinen ewigen Kreislauf der Dinge gibt, sondern dass die uns zur Verfügung stehende Zeit einmalig ist. Sie hat fernerhin einen Anfang und auch ein Ende. In einem der ältesten Teile der Bibel – im Buch Hiob – steht, dass die Zeit ein von Gott uns zugeteiltes und festgesetztes Maß ist:

> „Der Mensch, vom Weibe geboren, lebt kurze Zeit, … er geht auf wie eine Blume und fällt ab, flieht wie ein Schatten und bleibt nicht. … Er hat seine bestimmte Zeit, die Zahl seiner Monden steht bei dir; du hast ein Ziel gesetzt, das wird er nicht überschreiten" (Hiob 14,1-2.5).

Diesen Gedanken greift Jesus im Neuen Testament auf: „Wer ist unter euch, der seines Lebens Länge eine Spanne zusetzen kann?" (Mt 6,27). Diese rhetorische Frage aus der Bergpredigt hat eine kurze Antwort: Niemand! Es ist gut, wenn wir diesen Wesenszug der Zeit bedenken. Ein bestimmtes Kontingent an Zeit ist jedem von uns zugeteilt. Das Wort Jesu ist präzise formuliert; wir können unsere Zeit nicht verlängern, wohl aber verkürzen. Durch unsere Lebensweise, insbesondere durch Nikotin, Alkohol, Drogen, falsche Ernährungsweise, können wir – wie uns die Mediziner bestätigen – von dem Kontingent der uns zugedachten Lebenszeit etwas wegnehmen, aber niemand kann etwas hinzufügen. *Friedrich von Bodelschwingh* (1831–1910) sagte einmal treffend: „Alles ist heilsam, was uns daran erinnert, dass die Zeit ein Ende hat."

Die Bibel lenkt unseren Sinn nicht in die Vergangenheit, sondern in die Gegenwart und in die Zukunft. Wir sollen unser Leben vom Ziel her gestalten, darum heißt es auch in Psalm 90,12: „Lehre uns bedenken, dass wir sterben müssen, auf dass wir klug werden." Ich habe für mich folgenden Leitsatz gefunden:

„Ich möchte meine Zeit heute so einsetzen, dass ich fünf Minuten nach meinem Tode sagen kann, so wollte ich sie genutzt haben."

2.2 Eigenschaften der Zeit

Zeit hat einige markante Eigenschaften, über die wir ein wenig nachdenken wollen:

a) Zeit ist nicht speicherbar: In unseren Computern können wir riesige Datenmengen speichern, die zu einem späteren Zeitpunkt beliebig aufrufbar sind. Bei der Zeit geht das nicht. Ungenützte Zeit ist unwiederbringlich verloren. Zu keinem Augenblick können wir sagen: „Verweile doch, du bist so schön!", wie es in *Goethes* Faust heißt. Auch der andere Rat des Dichters ist nicht umsetzbar: „Ergreift den Augenblick, kommt ihm zuvor!"

b) Zeit ist nicht verleihbar: Zucker und Salz kann sich eine Hausfrau von der Nachbarin borgen und irgendwann zurückbringen. Mit der Zeit geht das nicht. Ein russisches Sprichwort sagt darum treffend: „Zeit lässt sich nicht zeitweilig ausborgen!" Jeder durchlebt seine eigene Zeit. Geld und Gut können wir verborgen, aber mit der Zeit können wir das nicht tun.

c) Jeder Tag hat die gleiche Zeit: Der Tag des amerikanischen Präsidenten und des deutschen Bundeskanzlers haben genauso 24 Stunden wie Ihrer und meiner. Da gibt es keinen Unterschied. Das ist anschaulich vorstellbar:

Wir sitzen alle auf einem **Fließband** und sind dort mit einem breiten Gurt fest und unverrückbar angeschnallt. Auf diesem Fließband der Zeit fahren wir alle mit derselben Geschwindigkeit. Niemand kann einen anderen überholen, aber wir können auch nicht zurückbleiben. Das Fließband bindet uns alle; es grenzt uns ein. Nur Gott sitzt nicht auf einem Fließband; er ist nicht angeschnallt. Er überblickt das komplette Band mit einem Blick. Bei ihm sind tausend Jahre wie ein Tag (Ps 90,4), aber auch ein Tag wie tausend Jahre (2 Petr 3,8).

d) Zeit ist nicht zu überspringen: Manche möchten ein Stück der Zeitachse überspringen oder eine Pause einlegen. Dazu haben sich Utopisten ihre Gedanken gemacht:

1. Zeitmaschine: Von dem Romanschriftsteller *Herbert G. Wells* (1866–1946) stammt das Buch mit dem Titel „Die Zeitmaschine" (1895). 1960 wurde es verfilmt; der Streifen gehört heute zu den Klassikern im *Sciencefiction*-Bereich. Dort ist von einem englischen Erfinder namens *George* die Rede, der seinen Freunden in der Silvesternacht 1899 eine Maschine vorstellt, mit der man durch die Zeit reisen kann. *George* bricht in dem Film tatsächlich auf. Seine Maschine kann mit vorgebbarer Geschwindigkeit in die Zukunft reisen und auch wieder zurückkehren. Je nach Hebelstellung saust er unterschiedlich schnell durch die Zeiten:

– Eine Kerze brennt in Sekundenschnelle ab.
– Der Schatten des Zeigers der Sonnenuhr dreht sich im Nu.
– Der Sternenhimmel kreist mit rasender Geschwindigkeit.
– Die Sonne zieht am Tageshimmel wie eine sich schnell bewegende Lampe vorbei.

- Auch Jahre werden in Blitzeseile überwunden.
- Man kann mit der Zeitmaschine anhalten und dann einen Teil der Zukunft in Echtzeit erleben.
- Schließlich bewegt er sich soweit in die Zukunft, dass an seinem Heimatort völlig andere Wesen wohnen.
- Schließlich kehrt er mit seiner Maschine wieder an seinen Ausgangsort und in die Ausgangszeit zurück – und alles ist wieder so wie es war.

So etwas gibt es nur in Sciencefiction, aber nicht auf unserer Zeitachse, die wir nur kontinuierlich und in einer Richtung durchlaufen können.

2. Kälteschlaf: Der ungarisch-deutsch-amerikanische Physiker *Leo Szillard* (1898–1964) hat dem Thema der aufgeteilten Lebenszeit zwei brillant geschriebene Erzählungen gewidmet. In „Die Stimme der Delphine" wird der Arzt Dr. *Jones* im Jahre 1980 aus einem 18-jährigen Kälteschlaf wieder aufgeweckt, nachdem ein Heilmittel gegen seine Krebskrankheit gefunden wurde. Vor Beginn des Kälteschlafs gibt Dr. *Jones* eine merkwürdige Abschiedsfeier für seine Freunde [B2, S. 184-185]: „Die meisten von Ihnen hatten wohl irgendwie das Gefühl, *meinem* Begräbnis beizuwohnen, da Sie mich lebend nie mehr wiedersehen würden; mir dagegen kam es eher vor, als wäre dies *Ihr* Begräbnis, da Sie zur Zeit meiner Rückkehr ins Leben doch nicht mehr am Leben sein würden."

3. Einfrieren: In Kalifornien gibt es die Firma ALCOR unter Leitung von Mr. *Thomas Donaldsen,* bei der man sich in flüssigem Stickstoff bei –196° C einfrieren lassen kann. Zur Vorbereitung der Tiefkühlung bemühen sich ein Dutzend Ärzte: Das Blut wird dem Körper entzogen und durch eine Art Frostschutzmittel ersetzt. Von dieser äußerst kostspieligen Lagerung haben inzwischen etliche Personen Gebrauch gemacht (Fernsehbericht Juni 1990).

Ich glaube nicht, dass die Leute je ins Leben zurückkehren werden. Der Mensch besteht aus **Geist, Seele** und **Leib**, und alle diese Experimente werden nur an dem biologischen Teil des Menschen, seinem materiellen Anteil, ausgeführt. Die Seele kann niemand einfrieren oder konservieren.

e) Zeit ist nicht verzinsbar: Der frühere Chefredakteur der Zeitschrift „Naturwissenschaften" *F. L. Boschke* schreibt [B2, S. 206 u. 218]:

„Fast alle Irrtümer und Fehler, die wir begehen, können wir korrigieren, aber einen verlorenen Tag wieder einholen – nie. Ausgegebene Lebenszeit ist ausgegeben, nirgends gibt es eine Gutschrift oder auch nur Zinsen auf unser Zeitkontingent."

Das wäre ein großer Gewinn, wenn wir für unsere Fahrzeiten, Wartezeiten, vergeudete oder ungenutzte Zeiten eine Gutschrift erhielten, um sie dann noch einmal zur Verfügung zu haben und sie dann besser zu nutzen. Je älter wir werden, umso mehr schrumpft die uns zugemessene Zeit zusammen, und am Lebensabend bleibt gar nur ein karger Rest. Wer wünschte sich dann nicht ein Zeitkonto, auf dem verschlafene, verträumte oder unnütz verwartete Stunden angesammelt sind und von dem wir dann die aufgesparten Zeitbeträge abheben könnten. Nie hat jemand ein solches Zeitguthaben zusammensparen können. Wir sind hilflos dem Zeitablauf unterworfen. Das Verstreichen der Zeit können wir nicht beeinflussen. Der Buchautor und Journalist *Claus Ga-*

edemann (1928 – 1995) schreibt: „Die Zeit – jede Stunde, jeder Tag, ist unser Leben, unser einziges, nicht vermehrbares Kapital, der Rohstoff unseres Seins, der unerbittlich aufgezehrt wird."

f) Zeit ist fortschreitend; der Zeitpfeil hat eine bestimmte Richtung: Einen Film können wir rückwärts laufen lassen; die Zeit niemals. Zeit ist immer in einer Richtung fortschreitend. Der frühere französische Staatspräsident *François Mitterand* (1916 – 1996) hatte ein Prinzip bezüglich seiner Zeit. Er sagte: „Ich trage nie eine Uhr, Uhren sind Peitschen für alle jene, die sich als Rennpferde missbrauchen lassen." Auch wenn er keine Uhr trug, dafür hatten seine Begleiter umso genauer gehende Uhren am Handgelenk. Am Vergehen der Zeit kommt niemand vorbei.

g) Die Ereignisse in unserer Welt geschehen unter Zeitverbrauch: Jeder physikalische Vorgang und alle Abläufe benötigen eine bestimmte Zeit* zu ihrer Verrichtung. In einer einzigen Sekunde geschieht weltweit durchschnittlich Folgendes (Bezugsjahr 1999):

- es werden 4,5 Autos produziert
- 2000 m^2 Wald werden vernichtet
- drei Menschen werden geboren
- 1,5 Menschen sterben
- wächst der Schuldenberg des Bundes in Deutschland um 3935 DM
- fallen global 12,6 Millionen m^3 und auf dem Festland 3,2 Millionen m^3 Wasser als Niederschlag.

---

* **Hinweis:** Im Gegensatz zu den uns geläufigen Ereignissen geschahen die Wunder Gottes/Jesu ohne Zeitverbrauch.

Weitere Ereignisse in einer Sekunde:

- die Concorde legt 611 Meter zurück
- das Space Shuttle fliegt 7,7 Kilometer
- auf der Bahn der Erde um die Sonne legt unser Planet 30 km zurück
- fließen aus dem Amazonas, dem wasserreichsten Fluss der Welt, 120 000 m^3 Wasser dem Atlantik zu (im Vergleich: Donaumündung 6240 m^3, Rheinmündung 2330 m^3; jeweils Schwellenwerte)
- in unserem Knochenmark werden 2,4 Millionen rote Blutkörperchen produziert [K2, S. 46]
- unsere Lungen benötigen 200 cm^3 Luft [K2, S. 72]
- zwischen unseren Großhirnhemisphären werden 4 Milliarden Impulse ausgetauscht [K2, S. 148].

Jeder Vorgang benötigt seine Zeit, um abzulaufen, und die mannigfachen Ereignisse im Leben eines Menschen finden zu ihrer bestimmten Zeit statt. Sie „haben ihre Stunde", wie es in Prediger 3,1-15 so treffend zusammengestellt ist:

„Ein jegliches hat seine Zeit,
und alles Vorhaben unter dem Himmel
hat seine Stunde:
geboren werden hat seine Zeit, sterben hat seine Zeit;
pflanzen hat seine Zeit,
ausreißen, was gepflanzt ist, hat seine Zeit;
töten hat seine Zeit, heilen hat seine Zeit;
abbrechen hat seine Zeit, bauen hat seine Zeit;
weinen hat seine Zeit, lachen hat seine Zeit;
klagen hat seine Zeit, tanzen hat seine Zeit;
Steine wegwerfen hat seine Zeit,
Steine sammeln hat seine Zeit;

herzen hat seine Zeit,
aufhören zu herzen hat seine Zeit;
suchen hat seine Zeit, verlieren hat seine Zeit;
behalten hat seine Zeit, wegwerfen hat seine Zeit;
zerreißen hat seine Zeit, zunähen hat seine Zeit;
schweigen hat seine Zeit, reden hat seine Zeit;
lieben hat seine Zeit, hassen hat seine Zeit;
Streit hat seine Zeit, Friede hat seine Zeit.
Man mühe sich ab, wie man will,
so hat man keinen Gewinn davon.
Ich sah die Arbeit, die Gott den Menschen gegeben hat,
dass sie sich damit plagen.
Er hat alles schön gemacht zu seiner Zeit,
auch hat er die Ewigkeit in ihr Herz gelegt;
nur dass der Mensch nicht ergründen kann das Werk,
das Gott tut,
weder Anfang noch Ende.
Da merkte ich, dass es nichts Besseres dabei gibt
als fröhlich sein und sich gütlich tun in seinem Leben.
Denn ein Mensch, der da isst und trinkt
und hat guten Mut bei all seinem Mühen,
das ist eine Gabe Gottes.
Ich merkte, dass alles, was Gott tut,
das besteht für ewig;
man kann nichts dazutun noch wegtun.
Das alles tut Gott,
dass man sich vor ihm fürchten soll.
Was geschieht, das ist schon längst gewesen,
und was sein wird, ist auch schon längst gewesen;
und Gott holt wieder hervor, was vergangen ist."

Zwei bemerkenswerte Worte stehen in den ersten Zeilen
dieses Bibeltextes: „jegliches" und „alles". Damit wird festgehalten: Nichts, aber auch gar nichts, was in dieser Welt

und speziell in unserem persönlichen Leben geschieht, ist von dem strengen naturgesetzlichen Ablauf der Zeit ausgenommen. Alles benötigt seine Zeit, aber auch alle Ereignisse und Erlebnisse – unabhängig davon, ob wir sie als gut oder schlecht einordnen – währen nur eine bestimmte Zeit. Die obige Aufzählung von Tätigkeiten mit ihren Gegensätzen will ausdrücken, dass nichts von dem chronologischen Ablauf, dem Verweilen auf dem Fließband der Zeit, ausgenommen ist. Mit Zeitabschnitten und Ereignissen aus unserem eigenen Leben können wir die Liste beliebig verlängern:

die Kindheit hat ihre Zeit,
die Jugend hat ihre Zeit,
das Erwachsensein hat ihre Zeit;
ledig sein hat seine Zeit, verheiratet sein hat seine Zeit;
Freunde haben, hat seine Zeit,
von Freunden verlassen sein, hat seine Zeit;
gesund sein hat seine Zeit, Krankheit hat ihre Zeit;
ausgeruht sein hat seine Zeit, müde sein hat seine Zeit;
Geduld haben hat seine Zeit,
ungeduldig sein hat seine Zeit;
zufrieden sein hat seine Zeit,
jammern und klagen hat seine Zeit;
glücklich sein hat seine Zeit,
depressiv sein hat seine Zeit;
beten hat seine Zeit,
abwarten wie und wann Gott erhört, hat seine Zeit.

Wir erleben periodisch Wiederkehrendes wie Freude und Trauer, Hunger und Sattsein, aber auch einmalig Auftretendes. Einschneidend waren für mich die furchtbaren Kriegserlebnisse mit Flucht und Vertreibung, Verschleppung der Mutter und den vielfachen Gefahren des Todes.

Wir sind froh, dass die schlechten Ereignisse nur begrenzt „ihre Zeit hatten", nun aber sind sie vorbei. Das Schöne hingegen möchten wir am liebsten als ständigen Besitz festhalten. Dies ist zwar nicht möglich, aber Schlager und Volkslieder greifen dies mit sehnsüchtigem Rückblick immer wieder auf: „Man müsste noch mal 20 sein" oder „Schön ist die Jugend, sie kommt nicht mehr". Gott hat in dieser Welt das Zeitliche verordnet, so ist nicht der traurige oder wehmütige Rückblick, sondern der Dank für das Geschenkte – das Angemessene. Dank ist auch angesagt für die Dinge, die uns Mühe und Not bereitet haben (Eph 5,20), denn auch sie waren nur zeitlich; sie sind ebenso nicht bleibend und der Vergänglichkeit anheim gefallen.

Auch im Rahmen der Weltgeschichte haben zahlreiche einmalige Ereignisse ihren unverrückbaren Platz auf der Zeitachse: die Entdeckung Amerikas durch *Christoph Columbus* (1492), die Reformation durch *Martin Luther* (1521), die Entdeckung der Röntgenstrahlen durch *Wilhelm Conrad Röntgen* (1895), die erste Herztransplantation durch *Christian Barnard* (1967) oder die erste Landung eines Menschen auf dem Mond durch *Neil A. Armstrong* (1969).

In Prediger 3 weist Gott über alles Zeitliche hinaus: „Alles, was Gott tut, das besteht für ewig." Suchen wir Ewiges und Bleibendes, dann ist uns dafür ein fester Grund gegeben, auf den wir Unvergängliches bauen können: „Einen anderen Grund kann niemand legen außer dem, der gelegt ist, welcher ist Jesus Christus. ... Wird jemandes Werk bleiben, das er darauf gebaut hat, so wird er Lohn empfangen" (1 Kor 3,11.14).

2.3 Zwei biblische Zeitbegriffe: Kairos und Chronos

Wenn die Bibel von Zeit spricht, so behandelt sie in erster Linie die mit der Zeit im Zusammenhang stehende Sinn- und Existenzfrage des Menschen. Sie unterscheidet zwischen zwei wesensmäßig verschiedenen Zeiten, die im griechischen Neuen Testament durch die Begriffe *Chronos* und *Kairos* gekennzeichnet sind. Da es im Deutschen wie auch in den meisten anderen Sprachen diese wortmäßige Unterscheidung nicht gibt, ist es im Bereich der Bibelauslegung schon häufig zu Fehlschlüssen großer Tragweite gekommen, weil durch Gleichschaltung beider Zeitbegriffe ihre prinzipielle Andersartigkeit nicht beachtet wurde.

2.3.1 Chronos: Die Zeit des Menschen

Chronos ist die physikalisch messbare Zeit (siehe Teil I) und damit die historisch ablaufende Zeit der Chronologie. Ihr liegt eine strenge Gesetzmäßigkeit zugrunde, in die auch wir Menschen eingebunden sind. Zum Maß dieser Zeitvorstellung und Zeiteinteilung sind uns Tag, Monat und Jahr geworden. Der norddeutsche Pfarrer und Evangelist *Heinrich Kemner* (1903–1993) hat das so charakterisiert [K1, S. 29]: „Im Chronos wird die Zeit als die Summe der Momente einer linearen Bewegung in Raum und Zeit begriffen." Damit ist etwas Wesentliches ausgedrückt: Diese Zeit ist nicht von Raum und Materie zu trennen. **Zeit, Raum** und **Materie** bilden die physikalische Grundsubstanz dieser Welt, und es kann das eine nicht losgelöst vom anderen betrachtet werden. In der Schöpfung, in der wir leben, ist dieser Chronos naturgesetzlich beschreibbar. Mit der Erschaffung der Materie aus dem Nichts (Hebr 11,3) trat daran gekoppelt auch die Zeit in Existenz. Gemäß **Bild 2** nennen wir diesen Nullpunkt der Zeitachse t_{Anfang}. Die Zeitachse hat eine definierte Anfangsmarke. Sie ist eine lineare (d. h. eine Achse mit äquidistanter Skalierung) und eindimensionale (d. h. eine fortlaufende Achse mit nur einer Koordinate) Erscheinung. Die chronologische Zeit ist dadurch gekennzeichnet, dass sie ständig fortschreitend ist und nur in einer Richtung abläuft. Sie ist für uns weder umkehrbar noch wiederholbar. Wir sprechen vom Strom der Zeit. Irgendwo auf dieser Achse liegt unser gegenwärtiger Zeitpunkt. Strenggenommen hat die Gegenwart (das Jetzt) keine Dauer. Alles, was hinter diesem Zeitpunkt liegt, nennen wir Vergangenheit, und das, was vor uns liegt, Zukunft. Es stellt sich die Frage, ob die Zeitachse eine zukünftige Begrenzung hat oder ob sie endlos ist. Die Antwort der Bibel ist hier klar und eindeutig:

Matthäus 24,35: „Himmel und Erde werden vergehen."
1. Korinther 7, 31: „Das Wesen dieser Welt vergeht."
1. Petrus 4,7: „Es ist aber nahe gekommen das Ende aller Dinge."

Diese Worte markieren eindringlich, dass diese Welt auf Abbruch gebaut ist. Wenn aber diese Welt und ihr materieller Inhalt begrenzt sind, dann muss wegen der o. g. Kopplung von Raum, Materie und Zeit auch die Zeit einer Begrenzung unterliegen. In der Tat berichtet die Bibel genau dies in Offenbarung 10,6: „... dass hinfort *keine* Zeit mehr sein soll." Die chronologische Zukunft ist also nicht unbegrenzt, sondern sie hat ein von Gott festgesetztes Maß, das in **Bild 2** mit t_{Ende} bezeichnet ist. Die Bibel ist das einzige Buch, das in einem gewaltigen Aufriss die

Geschichte der Menschheit vom Anfang bis zum Ende aufzeigt. Keine andere Informationsquelle umfasst diese Reichweite.

Irgendwo auf dieser Zeitachse kann die Spanne unseres Lebens eingetragen werden. Unsere Zeit läuft weder im Kreis noch wiederholt sie sich. Sie läuft vorwärts, ist einmalig, unwiederbringlich und streng bemessen zwischen Geburt und Tod. Die Zeit begegnet uns anders als der Raum, den wir beliebig oft betreten können. Wir können wohl immer wieder den Ort unserer Kindheit aufsuchen, aber in die Zeit unserer Kindheit gelangen wir niemals zurück. Die Zeit wird zur großen Einbahnstraße unseres Lebens.

2.3.2 Kairos: Die Zeit Gottes

Der bayerische Theologe *Hermann Bezzel* (1861–1917) markierte unsere begrenzte Seinsumgebung mit den Worten: „Raum und Zeit haben an sich und in sich knechtende und einengende Wirkung." Wesensmäßig völlig anders geartet und frei von allen uns bekannten und eingrenzenden Eigenschaften des Chronos ist der Kairos Gottes. Die „Uhr Gottes" misst nicht nach Sekunden, Stunden und Jahren, denn sie ist nicht gebunden an die Fesseln von Raum und Materie: „Oder ist deine Zeit wie eines Menschen Zeit, oder deine Jahre wie eines Mannes Jahre?" (Hiob 10,5). Der Kairos Gottes ist die erfüllte Zeit, in der unsere einengenden Begriffe wie Vergangenheit und Zukunft keinen Platz mehr haben. In **Bild 2** ist der Kairos darum auch außerhalb und oberhalb unserer Zeitachse eingezeichnet. Gott ist Geist und ist als Herr der Schöpfung nicht durch die von ihm geschaffenen Phänomene wie Raum und Zeit eingegrenzt. Gott sieht und übersieht die gesamte Zeitachse mit einem einzigen Blick, darum bedeuten unterschiedliche Zeitabschnitte auf unserer Zeitachse für ihn keine erst zu durchlaufenden Bereiche. Gott erfasst 1000 Jahre mit demselben Blick wie irgendeinen herausgegriffenen Tag. Aus diesem Grunde gilt bei Gott, was uns zunächst unbegreiflich erscheint: „Denn tausend Jahre sind vor dir wie der Tag, der gestern vergangen ist, und wie eine Nachtwache" (Ps 90,4). Leider wird dieses Wort häufig fälschlicherweise dazu benutzt, um in den Schöpfungsbericht nach 1. Mose 1 eine Evolution mit langen Zeiträumen hinein zu interpretieren. Vor solcher Vorgehensweise möchte ich sehr eindringlich warnen. Wer in dieser Weise mit Gottes Wort umgeht, müsste in gleicher Konsequenz das obige Psalmwort in Matthäus 27,63 einsetzen und käme auf diese Weise zu dem Satz: „In 3000 Jahren werde ich auferstehen." Wenn das so gemeint wäre, würden wir heute noch auf die Auferstehung Jesu warten. Er aber lebt – er ist auferstanden! Wir dürfen das Wort der Bibel nicht nach eigenen Wunschvorstellungen manipulieren, sondern haben auf die von Gott gegebene Information genau zu achten. Als mit der Erschaffung der Materie (1 Mo 1,1) auch die Zeit geschaffen war, geschah der weitere Ablauf der Schöpfungswerke gemäß dem biblischen Zeugnis streng chronologisch in Tagesrhythmen. Die Messmethode dazu wird in 1. Mose 1,14 beschrieben: „Es werden Lichter an der Feste des Himmels, die da scheiden Tag und Nacht und geben Zeichen, Zeiten, Tage und Jahre." Dies ist die erste und damit älteste Methode der Zeitmessung, die den Schöpfungsablauf damit eindeutig dem Chronos zuweist.

Die Frage, ob Gottes Zeit und Menschenzeit ineinander umrechenbar sind, wird uns vollends beantwortet, wenn wir noch 2. Petrus 3,8 heranziehen: „Eines aber sei euch nicht verborgen, ihr Lieben, dass ein Tag vor dem Herrn ist wie tausend Jahre und tausend Jahre wie ein Tag." In Gleichungsschreibweise bedeutet das:

1 Gottestag　　　　= 1000 Menschenjahre
1000 Gottesjahre　= 1 Menschentag

Die Folgerung ist einsichtig:

Es gibt keine Umrechnungsformel für Kairos in Chronos und umgekehrt.

Kairos und Chronos unterscheiden sich also nicht nur in der Maßstabsfrage, sondern vor allem in der **Qualität** und der **Dimension**. Die Beachtung dieser Merkmale wird uns vor einer oberflächlichen Bibelauslegung bewahren. Die höhere Dimension des Kairos Gottes gegenüber dem Chronos wird uns immer dann deutlich, wenn Gott sich als der in Raum und Zeit souverän Handelnde bezeugt. So kann Gott von bereits abgeschlossenen Vorgängen sprechen, obwohl sie für uns im Chronos noch Zukunft sind. Bevor das Volk Israel in den Kampf zieht, kann Gott den geschenkten Sieg über die Feinde als eine bereits abgeschlossene Handlung erklären: „… ich *habe* sie in deine Hände *gegeben"* (z. B. Jos 10,8). Im prophetischen Wort der Offenbarung wird auffallend häufig die grammatische Zeitform gewechselt. Wegen der Unabhängigkeit Gottes von unserem Chronos kann er Ereignisse, die für uns noch dem Bereich der Zukunft angehören, als geschehen und erledigt mitteilen.

Nach der Schöpfungsordnung Gottes besteht der Mensch aus Geist, Seele und Leib. Durch den Besitz des Geistes,

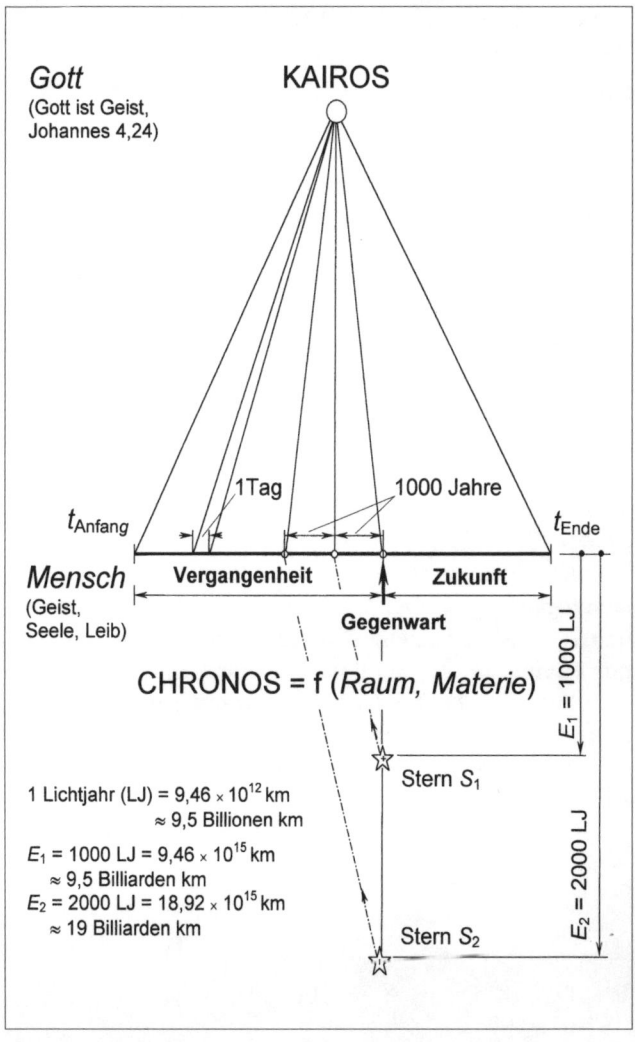

Bild 2: *Zum Wesen der Zeit. Der Unterschied zwischen der Zeit des Menschen (Chronos) und der Zeit Gottes (Kairos).*

der von Gott kommt (Pred 12,7), trägt der Mensch jenen Wesenszug Gottes, der es uns erlaubt, die Zeitachse in gewisser Weise zu relativieren. Stellen wir uns im Geist vor, wir befänden uns jetzt auf einem Stern S1 (siehe **Bild 2**), der 1000 Lichtjahre von der Erde entfernt ist. Das Lichtjahr ist ein Entfernungsmaß und ist durch die Wegstrecke definiert, die das Licht in einem Jahr zurücklegt, und das sind 9,46 Billionen Kilometer. Stellen wir uns nun vor, wir würden durch ein entsprechendes Fernrohr von S1 zur Erde schauen, so könnten wir Augenzeuge jener Ereignisse werden, die sich vor 1000 Jahren auf der Erde abspielten. Von einem Stern S2 mit 2000 Lichtjahren Entfernung von der Erde hätten wir gar die Möglichkeit, einen Rückblick auf die Zeitachse zu tun, der in eine 2000 Jahre alte Vergangenheit führt. Ebenso könnten wir uns im Geist eine Position im All vorstellen, aus der wir gerade den Durchzug des Volkes Israel durchs Rote Meer beobachten könnten. Wenn wir uns schon – zwar nur vorstellungsmäßig im Geist – in eine Situation begeben können, die uns eine gewisse Gleichzeitigkeit aller vergangenen Ereignisse erleben lässt, wie viel mehr gilt das dann für Gott. Den Kairos Gottes können wir uns darum als **ewige Gleichzeitigkeit** vorstellen, bei der die gesetzmäßige Strenge des Nacheinander unseres chronologischen Ablaufs aufgehoben ist.

2.4 Die fünf Ebenen der Information – eine neue Basis zur Deutung der Zeit

Information begegnet uns in der von Naturwissenschaft und Technik geprägten Welt auf Schritt und Tritt: in den Systemen der modernen Computertechnik, in der Kommunikationstechnik, in den natürlichen und künstlichen Sprachen sowie in allen biologischen Systemen.

Der amerikanische Kommunikationswissenschaftler *Claude E. Shannon* (*1916) war der erste, der versuchte, eine Informationsmenge messbar zu machen. Gemäß der nach ihm benannten **Shannonschen Informationstheorie** wird der statistische Aspekt einer Zeichenfolge erfasst (z.B. Anzahl der Zeichen in einer Buchstabenkette). Allerdings vernachlässigt diese Theorie den Bedeutungsinhalt der Zeichenfolge und ist somit ungeeignet, um alle Aspekte von Information zu erfassen. Die statistische Menge der Information wird in Bit gemessen.

Um die o.g. Einschränkungen zu überwinden, habe ich die **Naturgesetzliche Informationstheorie** entwickelt, die in [G6] erstmals so bezeichnet wurde und die durch folgende Punkte ausgezeichnet ist [G4, S. 155]:

– Naturgesetzlicher Ansatz: Wie alle Naturgesetze aus der Beobachtung an bekannten Systemen gewonnen werden, sind die verschiedenen Sätze über Information ebenfalls aus der Beobachtung abgeleitet.
– Alle uns bisher bekannten Naturgesetze beziehen sich ausschließlich auf die Materie. In Erweiterung dazu wurden bezüglich der Information Sätze formuliert, die ebenfalls naturgesetzliche Wirksamkeit haben.
– Wie Naturgesetze stets erfolgreich auf unbekannte Fäl-

le angewandt werden können, so erlauben auch die Sätze der Information diesbezüglich sichere Schlussfolgerungen.

- Naturgesetze sind nicht auf bestimmte Fachgebiete oder Anwendungen begrenzt, weil sie nach all unserem (derzeitigen) Wissen universell gültig sind. Gleiches gilt auch für die Informationssätze. Sie sind damit für lebende wie unbelebte Systeme gleichermaßen gültig.
- Es kann ein deutlich abgrenzbarer Definitionsbereich für Information angegeben werden [G4, S. 159 und G6, S. 207], der es erlaubt, eine scharfe Trennlinie zu ziehen zwischen Systemen, die innerhalb oder außerhalb des Bereiches liegen.

Erst durch die Erweiterung der Statistik um die weiteren Aspekte Syntax, Semantik, Pragmatik und Apobetik wird dem Informationsbegriff in seiner ganzen Fülle Rechnung getragen. In meinem Buch „Am Anfang war die Information" [G1] habe ich dieses Konzept ausführlich vorgestellt. Dieses neuartige Konzept der Information beruht auf einer äußerst wichtigen und grundlegenden Tatsache, nämlich darauf, dass diese Größe kein materielles, sondern wesensmäßig ein geistiges Phänomen darstellt. Information ist zwar auf Materie speicherbar und mittels physikalischer Systeme übertragbar, aber sie entsteht keineswegs in rein materiellen Prozessen, sondern immer durch einen Ideengeber, also durch Einsatz von Intelligenz und Wille. In den materialistischen Theorien wird diese Tatsache dadurch ignoriert, dass Information als rein physikalisches Phänomen vorausgesetzt wird.

Bild 3 beschreibt in Form einer Grafik, was alles zur Information zugehörig ist. Daran wird deutlich, dass zu jeder Information Sender und Empfänger unabdingbar sind.

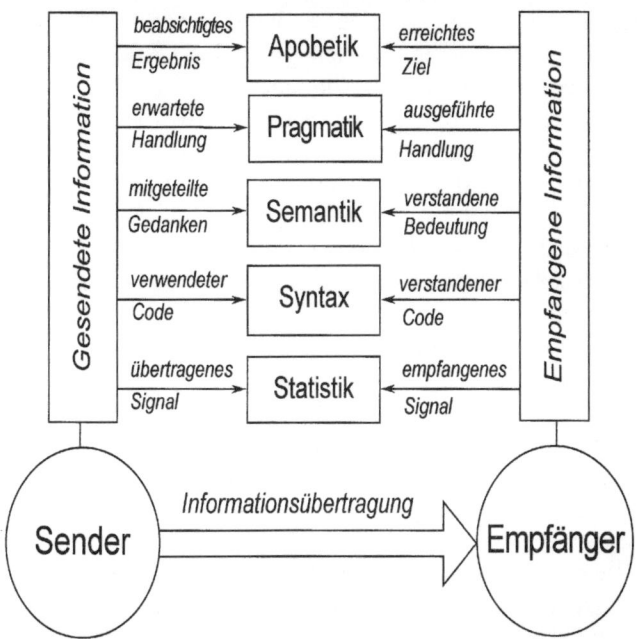

Bild 3: *Das Fünf-Ebenen-Konzept der Naturgesetzlichen Informations-theorie.*
Von jeder beliebigen codierten Information gilt, dass sie von jemandem ausgesandt ist (Sender) und an jemanden gerichtet ist (Empfänger). Es sind wesensmäßig fünf verschiedene Ebenen zu unterscheiden. Auf der höchsten Ebene, der Apobetik, geht es um das Informationsziel bzw. -ergebnis. Die darunterliegende Ebene der Pragmatik erfasst die gedachte/bewirkte Handlung. Eine Stufe tiefer geht es um die gedachte/ verstandene Bedeutung (Semantik). Die vorletzte Stufe (Syntax) be-fasst sich mit der sprachlichen Codierung/Decodierung der Gedanken, und die letzte Stufe behandelt das technische Übertragungskonzept und die damit verbundenen statistischen Angaben. Alle fünf Aspekte haben sowohl beim Sender als auch beim Empfänger ihre spezifische Ausprä-gung. Die einzelnen Ebenen bedingen einander. Das Informationsziel ist nicht erreicht, wenn es auf irgendeiner unteren Ebene zum vorzeiti-gen Abbruch kommt.

Als fünfte Ebene gehört die Apobetik (von griech. *apobei-non* = Ziel, Ergebnis, Ausgang) notwendigerweise dazu. Bei der Untersuchung unbekannter Fälle kann immer entschieden werden, ob man sich innerhalb oder außerhalb des Definitionsgebietes befindet. Die wichtigsten **Naturgesetze über Information** lauten [G1, S. 93]:

– Es gibt keine Information ohne Code.
– Es gibt keinen Code ohne freie willentliche Vereinbarung.
– Es gibt keine Information ohne Sender.
– Es gibt keine Informationskette, ohne dass am Anfang ein geistiger (intelligenter) Urheber steht.
– Es gibt keine Information ohne Willen.
– Es gibt keine Information ohne die fünf hierarchischen Ebenen: Statistik, Syntax, Semantik, Pragmatik, Apobetik.
– In statistischen Prozessen kann keine Information entstehen.

Die hier in aller Kürze dargestellte Informationstheorie ist in [G1] näher entfaltet, begründet und an Hand von zahlreichen Beispielen näher erörtert. Diese **Naturgesetzliche Informationstheorie** erlaubt es – wenn man sich innerhalb des Definitionsbereiches befindet –, weitreichende Schlussfolgerungen bis hin zu Fragestellungen zur Herkunft des Lebens zu ziehen. Leben ist hochgradig durch Information bestimmt und diese Information verlangt aus naturgesetzlichen Gründen einen intelligenten Urheber. Die Evolutionsidee, wonach Information in der Materie von alleine entstanden sein soll, ist darum schon im Ansatz falsch.

Das 5-Ebenen-Konzept der Information lässt sich auch

aus der Bibel ableiten [G1, S. 151-177]. Dies ist ein markantes Beispiel dafür, dass wir durch das Studium der Bibel wichtige Strukturen und Zusammenhänge der Wirklichkeit erkennen können, auf die wir sonst kaum gestoßen wären. Mit der Bibel fällt auch auf wissenschaftlich „unverständliche" Phänomene ganz neues Licht.

Zeit: Bei Untersuchungen zu dem Begriff „Zeit" fiel mir etwas Unerwartetes auf: Obwohl **Information** und **Zeit** grundverschiedene Phänomene sind, existiert zwischen beiden eine bemerkenswerte Analogie: Das 5-Ebenen-Konzept der Information [G1] ist überraschenderweise auch auf die Zeit anwendbar. Es stellt sich auch die Frage, ob es für die verschiedenen Ebenen der Zeit nicht vergleichbare Naturgesetze gibt, wie sie sich für die Information ableiten lassen.

Im Folgenden soll das **5-Ebenen-Konzept der Zeit** ausführlich dargelegt werden.

2.5 Die fünf Ebenen der Zeit

Wie im Folgenden ausführlich dargelegt wird, lässt sich die Zeit des Menschen in Analogie zum 5-Ebenen-Konzept der Information als ein **5-Ebenen-Konzept der Zeit** darstellen. Anhand zahlreicher Aussagen der Bibel und anschaulicher Lebensbeispiele wird dieser neuartige Zugang zum Phänomen Zeit veranschaulicht und begründet. Es gibt eine Fülle biblischer Sätze, die sich präzise einer der fünf Zeitebenen zuordnen lassen, wohingegen andere in ihrer Aussagebreite zwei oder gar drei Ebenen überdecken können.

2.5.1 Statistik der Zeit

Messung der statistischen Zeit: Für den Physiker ist die Zeit als Messgröße ein reines Mengenmaß ohne jegliche Qualität. Alle Uhren – von der Sanduhr bis zur Atomuhr – erfassen nur ihren statistischen Aspekt. Auf dieser statistischen Ebene geht es bei uns Menschen um das Maß an verfügbarer Zeit, um die Zeitspanne unseres Lebens, um die Anzahl unserer Jahre. In Analogie zur Information entspricht dies der Länge einer Zeichenkette, d. h. der Buchstabenfolge. Von der *ältesten Messmethode der statistischen Zeit* berichtet die Bibel in 1. Mose 1,14: „Es werden Lichter an der Feste des Himmels, die da scheiden Tag und Nacht und geben Zeichen, Zeiten, Tage und Jahre." Die Messung geschieht hier mit Hilfe der Gestirne. Als Gerät wird in 2. Könige 20,9 die Sonnenuhr genannt. Die Zeit der Nacht wurde in vier gleiche Abschnitte, die sog. Nachtwachen, eingeteilt (Mt 14,25).

Die Kürze unserer Zeit: Die Bibel weist wiederholt auf die Kürze unserer Lebensspanne hin und benutzt zu ihrer Veranschaulichung flüchtige Ereignisse aus der Natur wie Wind, Schatten und Dampf:

Wind: „Meine Tage sind leichter dahin geflogen denn eine Weberspule und sind vergangen, dass kein Aufhalten gewesen ist. Gedenke, dass mein Leben ein Wind ist" (Hiob 7,6-7). Der Wind bläst nur eine gewisse Zeit, dann ist er dahin. Er hat nur Augenblickscharakter. Mit diesem Vergleichsbild weist uns die Bibel auf die schnelle Vergänglichkeit unseres enteilenden Lebens hin.

Schatten: „Ist doch der Mensch gleich wie nichts; seine Zeit fährt dahin wie ein Schatten" (Ps 144,4). Der Schatten eines Baumes hängt vom Sonnenstand ab und zieht seine Bahn mit dem Lauf der Sonne. Zieht plötzlich Bewölkung auf, dann ist es mit dem Schatten vorbei. Oder denken wir an einen schnell durch die Landschaft rasenden ICE-Zug. Wo er sich gerade befindet, da ist sein Schatten sichtbar. So wie der Schatten vom Beobachter dahin fährt, so entschwindet auch unsere irdische Zeit.

Dampf: „Denn was ist euer Leben? Ein Dampf seid ihr, der eine kleine Zeit währt, danach aber verschwindet er" (Jak 4,14). Bei kochendem Wasser sehen wir die Dampfschwaden aufsteigen. Nicht lange bleibt der Dampf sichtbar, dann löst er sich in der umgebenden Luft auf und wird unsichtbar. Auch dieses Bild beschreibt anschaulich unsere kurze irdische Existenz.

Viele andere Aussagen der Bibel befassen sich in immer neuen Worten und Wendungen übereinstimmend mit der Kürze unseres Lebens. Im Folgenden sei auf eine Auswahl verwiesen:

Hiob 14,1.5: „Der Mensch, vom Weibe geboren, lebt kurze Zeit. … Er hat seine bestimmte Zeit, die Zahl seiner Monden steht bei dir; du hast ein Ziel gesetzt, das wird er nicht überschreiten."
Psalm 39,6: „Siehe, meine Tage sind einer Hand breit bei dir, und mein Leben ist *wie nichts* vor dir."
Psalm 89,48: „Gedenke, wie kurz mein Leben ist."
1. Chronik 29,15: „Wir sind Fremdlinge und Gäste vor dir. Unser Leben auf Erden ist wie ein Schatten und bleibt nicht."

Manch einer ist fasziniert von der Lebensweise berühmter Leute. Auch sie waren sich der kurzen Spanne ihres

Lebens durchaus bewusst. Die Konsequenzen, die viele von ihnen daraus zogen, sind für uns keineswegs vorbildhaft, denn ihr Leben war allein vom Diesseitigen geprägt. Es fehlte in ihrem Denken jeglicher Bezug zur Ewigkeit.

Romy Schneider (1938–1982): Sie wurde bekannt durch drei Sissi-Filme (1955–1957), in denen sie die junge Kaiserin von Österreich spielte und damit zum Liebling des deutschen Kinopublikums der 50er Jahre wurde. Obwohl weltbekannt, arbeitete sie unentwegt für den weiteren Ruhm. Ihren ehrgeizigen Plänen zufolge wollte sie die größte Schauspielerin dieser Zeit werden. Bezüglich ihres Lebens hatte sie folgendes Konzept [S1]: „Wer weiß, wie lange das Glück noch dauert, ich lebe nur für den Augenblick." – „Es ist besser, kurz und schön, als lange und in Maßen zu leben." Ihr Leben bekam sie nicht in den Griff. Zweimal war sie verheiratet, aber das Glück fand sie nicht. Alkohol und Tabletten waren kein Ausweg. 1982 nahm sie sich mit 44 Jahren das Leben.

Curd Jürgens (1915–1982): Er gehörte zu den wenigen deutschen Schauspielern, die sich „Weltstar" nennen durften. Er spielte in mehr als hundert internationalen Kinofilmen mit, als Partner von *Brigitte Bardot* oder *Danny Kaye*, als schneidiger Haudegen, raukehliger Chevalier oder lachender Vagabund. In Deutschland wurde er vor allem mit einer Paraderolle populär: In der Kinoversion von *Carl Zuckmayers* Widerstandsdrama „Des Teufels General" spielte er das renitente Flieger-Ass Harras. Von ihm stammt ein Ausspruch, in dem er sich mit der Zeit seines Lebens beschäftigt: „Es ist wichtiger, den Jahren mehr Leben zu geben als dem Leben mehr Jahre." Jedoch am Ende seines Lebens befällt ihn die Furcht vor dem Tod: „Manchmal denke ich schon, dass ich vielleicht ein anderes Leben hätte leben sollen. Dann befällt mich die Angst zu sterben, und ich zweifle, ob es richtig war, nicht an Gott zu glauben."

Nina Ruge (* 1957): Sie hat Biologie für das höhere Lehramt studiert und äußerte in einem Fernsehinterview (21. Mai 1999), dass sie nicht schon jetzt voraussagen möchte, dass im 60-sten Lebensjahr um 13.30 Uhr ihre letzte Schulstunde beendet ist. So entschloß sie sich, Journalistin und Fernsehmoderatorin zu werden. Sie empfindet, wie vergänglich das Leben ist und beschließt für sich: „Ich möchte das kurze Leben auskosten." Mit 42 Jahren hat sie bereits zwei gescheiterte Ehen hinter sich.

2.5.2 Syntax der Zeit

So wie es eine Syntax* (grammatische und stilistische Regeln) bei den natürlichen und künstlichen Sprachen gibt, finden wir sie auch bei der Zeit, wobei hier die Regeln für den Umgang damit gemeint sind: Welche Strategien verwenden wir zur optimalen Zeitplanung? Welche Konzepte und Regeln zur Termingestaltung gestatten uns einen effektiven Einsatz der Zeit? Wie vermeiden wir Hektik und Stress? Wie gestalten wir unser Lebensprogramm?

Zeitmanagement: Dank Handy, Laptop und E-Mail ist der leistungsorientierte Manager auch abends, am Wochenende und in den üblich gewordenen Kurzferien verfügbar. In den USA hat man bereits einen Modebegriff dafür gefunden: „IT victims" (Opfer der Informationstechnologie) – so werden all jene genannt, die 24 Stunden am Tag, sieben Tage in der Woche im Dienste der Firma stehen und die nie abschalten und sich entspannen können. Inmitten dieses elektronischen Hochleistungsnetzes vereinsamt der Mensch, der Dialog und die zwischenmenschlichen Kontakte kommen zu kurz. Die ständige Zeitnot wird zum Dauerproblem. Zeitmanagement scheint die Lösung des Problems zu sein und darum veranstalten zahlreiche Firmen für ihre gestressten Manager entsprechende Seminare, die von gut verdienenden Unternehmensberatern ausgeführt werden. *Marcel Mettler* nennt in seinem Aufsatz acht goldene Regeln des *Time*

---

* **Zur Syntax:** Abweichend von der konventionellen Sprachwissenschaft werden im Rahmen der „Naturgesetzlichen Informationstheorie" Grammatik und Stilistik noch zur syntaktischen Ebene gerechnet, obwohl sie als semantische Ausdrucksmittel eingesetzt werden können.

Management [M1, S. 32], die hilfreich sind, die aber – wie wir noch sehen werden – nur begrenzt den syntaktischen Aspekt der Zeit erfassen:

1. Perfektionismus aufgeben. Lassen Sie sich nicht durch unwichtige Details vom Wesentlichen abhalten.
2. Gespräche und Konferenzen steuern. Setzen Sie Gesprächsziele fest und bereiten Sie Unterlagen rechtzeitig vor.
3. Planloses Arbeiten vermeiden. Setzen Sie Tagesziele und kontrollieren Sie abends, was Sie erreicht haben.
4. Nicht alles selber tun wollen. Delegieren Sie, falls es sinnvoll ist.
5. Nicht vieles gleichzeitig tun. Setzen Sie Prioritäten.
6. Nicht alles wissen wollen. Vertrauen Sie den anderen und überlassen Sie ihnen Details.
7. Unangenehmes zuerst erledigen und Angefangenes fertig machen. Lassen Sie sich nicht durch unwichtige Telefonate und Besucher von der Arbeit abhalten.
8. Jeden Vorgang nur einmal zur Hand nehmen und ihn dann speditiv (rasch, zügig) erledigen.

Wer den Sternenhimmel beobachten will, kann mit einem Feldstecher mehr sehen als mit dem bloßen Auge. Ferne Galaxien und astronomische Details bleiben dem Beobachter aber unzugänglich. Moderne Spiegelteleskope eröffnen hingegen ganz neue und ungeahnte Bereiche. So haben Methoden des Zeitmanagements durchaus ihren Platz, sie greifen aber viel zu kurz, weil sie im rein Irdischen begrenzt sind. Wollen wir in diesem Sinne „weitreichende Spiegelteleskope" einsetzen, dann müssen wir die Bibel nach ihrer empfohlenen Zeit-Syntax befragen. Die Bibel nennt die Maßstäbe, die uns zu einem Zeitmanagement ganz anderer Art verhelfen.

1. Erste biblische Syntaxregel der Zeit: Die erste Regel dieser Art finden wir in den Zehn Geboten: „Sechs Tage sollst du arbeiten und alle deine Dinge beschicken; aber am siebenten Tage … da sollst du kein Werk tun" (2 Mo 20,9-10).

Während der Zeit der französischen Revolution führte man den Revolutionskalender ein (ab dem 22. 09. 1793), bei dem jeder Monat in drei Dekaden von je 10 Tagen eingeteilt wurde. Das Jahr hatte 12 Monate à 30 Tage + 5 Tage bzw. 6 Tage im Schaltjahr. Durch den neuen Kalender sollte das Gedächtnis des Volkes von allem Christlichen befreit und statt dessen die Landwirtschaft als politische Grundlage verinnerlicht werden. Entsprechend fielen die Monatsnamen aus: dem Vendémiaire [Weinlesemonat] folgten Brumaire [Nebelmonat], Frimaire [Monat des Reifes], Nivôse [Schneemonat], Pluviôse [Regenmonat] und Germinal [Monat des Keimens]. Der Kalendermacher *Fabre d'Eglantine* erlebte letzteren nur zweimal, denn er starb am 14. Germinal (5. April 1794) auf der Guillotine. Der willkürlich eingeführte 10-Tage-Rhythmus bewährte sich nicht, weil wir schöpfungsmäßig auf den 7-Tage-Rhythmus angelegt sind – so wie er auf der ganzen Welt praktiziert wird. *Napoleon* setzte den Revolutionskalender am 1. Januar 1806 wieder außer Kraft.

Als wir im Mai 1992 zu Vorträgen in Kasachstan unterwegs waren, wurden wir vom Bürgermeister der Stadt Karaganda empfangen. Er klagte über sein Arbeitspensum: „Ich schlafe vier Stunden pro Tag. Einen Sonntag gibt es für mich nicht." Ich weiß nicht, wie lange er das durchhält.

2. Zeitsyntax nach der Bergpredigt: In der Bergpredigt nennt Jesus eine weitere sehr wichtige Regel für den Umgang mit der Zeit. Obwohl das Wort „Zeit" gar nicht in diesem Vers vorkommt, finden wir hier dennoch eine ganz grundlegende Weisung für den Umgang mit der Zeit: „Trachtet am ersten nach dem Reich Gottes und nach seiner Gerechtigkeit, so wird euch solches alles zufallen" (Mt 6,33).

Dieser Vers beinhaltet die Grammatik Gottes für unser Leben. Wenn das Reich Gottes die höchste Priorität in unserem Leben einnimmt, dann haben wir die beste Grammatik für den Umgang mit der Zeit. Wenn Jesus selbst und seine Anliegen auch unsere Anliegen sind, dann wird er uns auch jene Dinge gelingen lassen, von denen wir meinen, wir müssten ihnen so viel Zeit widmen.

Wenn wir unser Leben jedoch mit einer anderen Grammatik schreiben, dann ist es aus der Sicht Gottes falsch geschrieben. Es ist wie bei einem Diktat in der Schule. Hält der Schüler die grammatischen Regeln nicht ein, steht am Ende ein „Ungenügend" darunter.

So ist es auch bei Gott. Es kann uns passieren, dass wir am Ende eine unzureichende Note für das gelebte Leben erhalten. „Gewogen und zu leicht befunden!" (Dan 5,27). Die Bibel sagt: „Du gehst verloren!" Damit das nicht passiert, brauchen wir die richtigen „Rechtschreiberegeln" für das Leben. In der Bergpredigt hat Jesus uns diese genannt.

Es gibt auch Christen, die mit einer falschen Grammatik leben. In Deutschland würde sich ein hoher Prozentsatz der Bevölkerung als Christ bezeichnen. Aber sind sie wirklich Christen nach biblischem Maßstab? In der Bergpredigt beschreibt Jesus eine solche Gruppe von Menschen,

die sich selbst dazugehörig zählen, die aber dennoch das
Himmelreich nicht erreichen werden: „Es werden nicht
alle, die zu mir sagen: Herr, Herr! in das Himmelreich
kommen, sondern die den Willen tun meines Vaters im
Himmel" (Mt 7,21). Welch eine Tragik, wer dies einmal
aus dem Munde Jesu hören wird!

Nicht die Zugehörigkeit zu einer Kirche bringt uns in den
Himmel, auch wenn sie sich die Größte, die Älteste oder
Verbreitetste nennt, sondern unser Tun nach dem Willen
des Vaters. Den Willen des Vaters lernen wir in der Bibel
kennen. In Johannes 6,28-29 stellen die Jünger dem Herrn
Jesus genau diese Frage: „Was sollen wir tun, dass wir
Gottes Werke wirken? Jesus antwortete und sprach zu ihnen: Das ist Gottes Werk, dass ihr an den [= Jesus] glaubt,
den er [= Gott] gesandt hat." Nach der Übersetzung der
Guten Nachricht (1972) lautet dieser Text: „Was müssen
wir tun, um Gottes Willen zu erfüllen? Jesus antwortete:
Gott verlangt nur eins von euch: Ihr sollt dem vertrauen,
den er gesandt hat."

Mit diesem Vers ist ein Leben gemeint, bei dem Jesus
Christus unser persönlicher Herr ist. Ein solches Leben
fängt immer mit der Bekehrung zu ihm an (siehe Kap.
2.6). Bei uns im sog. christlichen Abendland meinen viele, sie seien Christen, aber sie kümmern sich gar nicht
oder kaum um Gott, um Jesus Christus und um die Bibel.
Von einer Bekehrung, also der bewussten und persönlichen Hinwendung zum Sohn Gottes, haben sie vielleicht
noch nicht einmal gehört. Als ich neulich mit einem Ehe-
paar ins Gespräch kam, sagte mir der Mann: „Wir sind
Christen!" – Auf meine Frage „Gehen Sie zur Kirche?"
meinte er „Nein, das sagt mir nichts; da gehe ich lieber in
ein Konzert. Das gibt mir mehr." Leider hat er sogar Recht

darin, denn in vielen Kirchen wird kaum noch ein klares biblisches Evangelium verkündigt. Es gibt aber dennoch biblisch orientierte Gemeinden; diese muss man suchen, dort kann man sich anschließen und die eine gute Botschaft hören.

Mit falscher Grammatik, mit falscher Zeitsyntax, gehen wir ewig verloren. Wir erreichen nicht das von Gott gesetzte ewige Ziel. Zur Zeitsyntax gehört auch der folgerichtige Ablauf der Dinge in unserem Leben. Ein Landmann erntet nicht im Winter und ein Haus baut man nicht, bevor die Zeichnung erstellt ist. Es gibt eine geordnete Abfolge der Dinge, darum heißt es in Prediger 3,1: „Ein jegliches hat seine Zeit, und alles Vornehmen unter dem Himmel hat seine Stunde." Auch der Ruf Gottes an uns hat seine Stunde. Ihn zu überhören, hätte fatale Folgen. Wer sich nicht entscheidet, verpasst damit eine Ewigkeit. Der Kerkermeister von Philippi begriff in einer einzigen Nacht, da er es hörte, worum es ging, und wurde augenblicklich gerettet.

Ein seltener Geburtstag: In einem Dorf war jemand 100 Jahre alt geworden. Man überlegte im Ort, wie man seinen Geburtstag angemessen feiern könnte. So kamen der Bürgermeister, der Leiter des Gesangvereins und die Vorsitzenden anderer Gruppen des Dorfes zusammen, um in einem Vorgespräch den Ablauf dieses seltenen Festes zu planen. Man fragte den Jubilar, was er in einer Ansprache gerne hören möchte und welche Lieder gesungen werden sollten. Der Alte gab folgende Weisung: „Ihr dürft alles sagen und singen, was Ihr wollt; es gibt da keinerlei Einschränkungen bis auf die eine, die Ihr unbedingt beachten müsst: Vom Tod möchte ich kein einziges Wort hören."

Hier war jemand 100 Jahre alt, aber kein bisschen klug geworden. Er steht an der Schwelle der Ewigkeit und hat nichts geplant. In 2. Könige 20,1 heißt es: „Bestelle dein Haus; denn du wirst sterben und nicht leben bleiben." In Psalm 90,12 erhalten wir den Hinweis: „Lehre uns bedenken, dass wir sterben müssen, auf dass wir klug werden." Klug werden wir nach diesem Wort, indem wir beachten, dass unser Leben endlich ist, und indem wir aus dieser Sicht beurteilen lernen, was im Leben wichtig und was nebensächlich ist.

3. Eine dritte biblische Regel zur Zeitsyntax: Jemand hat einmal überschlagen, dass in der Großstadt Paris jährlich 100 Millionen Stunden durch die in Autostaus verbrachte Zeit verloren gehen. Auch in unserem Leben können lähmende „Staus" auftreten. Sie entstehen durch Schwierigkeiten in der Familie, an der Arbeitsstelle, in der Nachbarschaft. Es kommt zu Stress, Sorgen, Entmutigungen und Enttäuschungen. Dadurch geht kostbare Zeit verloren, die unwiederbringlich ist. Die Bibel verhilft uns auch hier zu einem effektiven Zeitmanagement: „Lasst uns alles ablegen, was uns beschwert" (Hebr 12,1). Durch Vergeben und Verzeihen befreien wir uns von Ballast, der uns gedanklich und damit zeitlich bindet. Einen anderen wichtigen Rat gibt uns die Bibel in Psalm 1,1: „Wohl dem, der nicht wandelt im Rat der Gottlosen noch tritt auf den Weg der Sünder noch sitzt, da die Spötter sitzen." Die Beachtung dieses Wortes bewahrt uns vor einem falschen Ehepartner oder vor Menschen, mit denen wir keinen engen Umgang pflegen sollten. Gott will uns mit seinen Weisungen vor unnötigem Herzeleid und vermeidbaren Problemen schützen und uns damit zu einer guten Zeitsyntax verhelfen.

2.5.3 Semantik der Zeit

Mit der Semantik der Zeit ist der gedankliche Inhalt gemeint. In unserem Leben hat die Zeit unbestreitbar unterschiedliche qualitative Eigenschaften. Wir ordnen der durchlebten Zeit je nach Erlebnisdichte und Güte der Ereignisse einen jeweils anderen Wert zu. Beschäftigen wir uns mit wertvollen, belanglosen, unnützen oder gar bösen Gedanken? Es gibt somit sowohl eine positive als auch eine negative Semantik ($S > 0$, $S < 0$); $S = 0$ bedeutet demnach überhaupt keine gedankliche Füllung der Zeit.

Fußball: Für einen Fußballbegeisterten haben neunzig Zuschauerminuten bei einem Endspiel der Fußballweltmeisterschaft einen deutlich anderen Wert als wenn zwei unbekannte Dorfvereine gegeneinander spielen. Am 8. Juli 1990 fand das Endspiel der Fußballweltmeisterschaft zwischen Deutschland und Argentinien in Rom statt, bei dem Deutschland mit 1:0 Weltmeister wurde. Torschütze war *Andreas Brehme,* der in der 85. Minute einen Foul-Elfmeter verwandelte. Im Olympiastadion drängten sich damals 73 600 Zuschauer. Für die Anwesenden waren es kostbare 90 Minuten. Ähnlich erging es Tausenden Direktzuschauern und Millionen Fernsehzuschauern, als am 17. Juli 1994 das Endspiel der 15. Fußballweltmeisterschaft in Los Angeles stattfand. Brasilien siegte gegen Italien mit 3:2 im Elfmeterschießen nach dem vorangegangenen torlosen Unentschieden nach 120 Spielminuten. Unter der glühenden kalifornischen Sonne verfolgten 94 714 Zuschauer das Finale direkt. In Deutschland wirkte sich das WM-Finale als Straßenfeger aus, denn durchschnittlich 17,59 Millionen Fernsehzuschauer verfolgten im ZDF die Live-Übertragung. Der Marktanteil betrug 79%; nie zuvor hatte ein Fußballspiel ohne deutsche Beteiligung ein so großes Interesse beim Fernsehpublikum hervorgerufen.

Zeit ist nicht gleich Zeit: Die Eintrittspreise bei öffentlichen Veranstaltungen und Einschaltquoten beim Fernsehen markieren nicht nur objektive, sondern durchaus auch subjektive Erlebniswerte in der Zeit. Die Höhe der gezahlten Eintrittsgelder (z.B. für Galavorstellungen, Uraufführungen, sportliche Weltmeisterschaften) ist ein Maßstab dafür, wie wertvoll ein Ereignis in der Zeit (subjektiv) eingestuft wird. Eine halbe Stunde auf einer schönen Feier wird anders durchlebt als eine halbe Stunde an der Bushaltestelle. Gleiche Zeitmengen (statistischer Aspekt) können inhaltlich (semantischer Aspekt) sehr unterschiedlich gefüllt sein.

Lebensqualität: Nicht die Länge unserer individuellen Zeitachse (Lebenslänge) macht unser Leben aus, sondern die erlebten Ereignisse (aktive Gestaltung und passive Erlebnisse) bestimmen die Lebensqualität. Jesus Christus ist in diese Welt gekommen, um unserem Leben echte semantische Qualität zu verleihen: „Ich bin gekommen, dass sie das Leben und volle Genüge haben sollen" (Joh 10,10).

Positive Semantik: Die beste Semantik hat jemand, der ganz und gar in Gott geborgen ist. Der Psalmist bekennt von sich in Psalm 31,16: „Meine Zeit steht in deinen Händen." (Dieser Vers spricht mehrere Ebenen gleichzeitig an und reicht von der Statistik bis zur Pragmatik.) Mit Gott erhält meine Zeit eine andere, ja eine neue Qualität, die über das rein Irdische hinausgeht.

Wer sich so generell in Gottes Hand weiß, der drückt damit aus, dass er auch die ewigen Dinge geklärt hat. Wenn jemand das Leben so gelebt hat, dass seine Gedanken und Taten in der Hand Gottes waren, dann geht er zwar im Tod durch ein tiefes Tal, aber er ist dabei nicht allein. Einer geht mit ihm; es ist der, der gesagt hat: „Ich bin der gute Hirte" (Joh 10,11). In Psalm 23,4 heißt es: „Und ob ich schon wanderte im finstern Tal, fürchte ich kein Unglück; denn du bist bei mir."

Die Bibel will uns zu einer guten Semantik verhelfen, indem sie uns zahlreiche hilfreiche Hinweise gibt: „Viel Gutes kommt dem Mann durch die Frucht des Mundes und dem Menschen wird vergolten, nach dem seine Hände verdient haben" (Spr 12,14). Im Gebet können wir Gott um das für uns am besten geeignete und von Gott gewollte Lebenskonzept bitten: „Weise mir, Herr, deinen Weg [in dieser Zeit!], dass ich wandle in deiner Wahrheit: erhalte mein Herz bei dem einen, dass ich deinen Namen fürchte" (Ps 86,11).

Um uns bestmöglich zu helfen, nennt die Bibel auch Leute, die keine oder eine negative Semantik haben, um uns zu warnen und zu bewahren. In Psalm 90,9b heißt es „Wir verbringen unsere Jahre wie ein Geschwätz." Was sind das für Leute, von denen hier gesprochen wird? Man könnte vordergründig den Eindruck gewinnen, hier sind Menschen gemeint, die ziellos ihr Leben verbringen. Solche sind durchaus auch dabei, aber vielmehr sind es gerade jene, die nur ihre eigenen ehrgeizigen Pläne im Leben verwirklichen wollten. Der Begriff Selbstverwirklichung steht für diese Denk- und Lebensweise.

Zachäus war ein höchst aktiver Mann, der beim Zoll die Leute nach Strich und Faden betrog. Seine Gedanken waren ausschließlich auf Irdisches gerichtet. Sein Geld hatte er sicherlich in mehrere kostbare Villen in Jericho und Umgebung angelegt. Seine Jahre verbrachte er letztlich nutzlos, eben wie Geschwätz. Er kannte keine Vorsorge für die Ewigkeit. Erst in der Begegnung mit Jesus änderte sich Grundlegendes. Nun gewann die ewigkeitliche Komponente Raum in seinem Leben. Diesen Wechsel bescheinigte ihm Jesus mit den Worten: „Heute ist diesem Hause Heil widerfahren" (Lk 19,9).

Wie viel kostbare Zeit wird mit Neid vertan. Davon lesen wir in Prediger 4,4: „Ich sah an Arbeit und Geschicklichkeit in allen Sachen: da neidet einer den andern. Das ist auch eitel und Haschen nach Wind." Viele Menschen beschäftigen sich mit belanglosen Dingen: „Sie haben ihre Gedanken dem Nichtigen zugewandt und ihr unverständiges Herz ist verfinstert" (Röm 1,21).

Wir Menschen sind oft unkritisch und leichtgläubig gegenüber den vielen heute angebotenen Ideen (z. B. Evolutionslehre, Esoterik, div. philosophische und religiöse Systeme). Darum ermahnt uns die Bibel zu Recht: „Sehet zu, dass euch niemand einfange durch Philosophie und leeren Trug, gegründet auf der Menschen Lehre" (Kol 2,8). Es geht darum, nicht nur das Falsche zu vermeiden, sondern auch zu guter Semantik zu kommen: „Wandelt nicht unweise, sondern als Weise" (Eph 5,15).

2.5.4 Pragmatik der Zeit

Mit Pragmatik der Zeit ist das Handeln, das Tun in der Zeit angesprochen. Wie kann die Zeit bestmöglich genutzt oder ausgekauft werden? Drei Arten der Pragmatik P können wir dabei unterscheiden:

$P > 0$ Gutes tun
– Zeit nutzen (sie auskaufen)
$P = 0$ Nichtstun, Null-Pragmatik
– Zeit ungenutzt lassen
$P < 0$ Wertloses oder Schlechtes tun
– Zeit mit Wertlosem vergeuden
– Zeit des bösen Handelns

Gute Pragmatik: Es hat alles seine Zeit, so hat Gott neben allem Handeln auch eine Zeit der Erholung und Entspannung vorgesehen: „Und er sah die Ruhe, dass sie gut ist" (1 Mo 49,15). Zur Pragmatik unseres Lebens gehört auch die tägliche Arbeit, die zur Versorgung und zum Lebensunterhalt erforderlich ist. Tun wir auch diese mit Gott, so wird Segen damit verbunden sein, wie uns viele Stellen der Bibel bestätigen:

2 Chronik 19,11b: „Geht mutig an die Arbeit und der Herr sei mit dem, der seine Pflicht erfüllt."

Sprüche 18,9: „Wer lässig ist in seiner Arbeit, der ist ein Bruder des, der das Seine umbringt."

Prediger 9,7: „So gehe hin und iss dein Brot mit Freuden, trink deinen Wein mit gutem Mut; denn dein Werk gefällt Gott."

Prediger 9,10: „Alles, was dir vor die Hände kommt, es zu tun, das tue frisch; denn bei den Toten, dahin du fährst, ist weder Werk, Kunst, Vernunft noch Weisheit."

Kolosser 3,17: „Und alles, was ihr tut mit Worten oder
  mit Werken, das tut alles in dem Namen des Herrn Jesus und danket Gott, dem Vater, durch ihn."

Neben dem praktischen Tun gibt es die geistliche Komponente des Handelns. In Apostelgeschichte 17,11 werden uns Leute geschildert, die vorbildlich mit dem Wort
Gottes umgingen: „Diese aber [= die Gläubigen zu Beröa]
waren besser als die zu Thessalonich; die nahmen das Wort
ganz willig auf und forschten täglich in der Schrift, ob sich's
so verhielte." Nach dem Erkennen folgt der Gehorsam.
Jesus sagt in der Bergpredigt: „Darum, wer diese meine
Rede hört und tut sie, der gleicht einem klugen Mann,
der sein Haus auf den Felsen baute" (Mt 7,24). Im Gericht, das Jesus abhalten wird, beurteilt er eine Gruppe
von Menschen mit den Worten: „Was ihr (in der Zeit eu-
res Lebens) *getan habt* einem unter diesen meinen geringsten Brüdern, das habt ihr mir getan" (Mt 25,40). Sie gehen ein in das ewige Leben.

Schlechte Pragmatik: In Sprüche 12,11 lesen wir: „Wer
aber **unnötigen Sachen** nachgeht, der ist ein Narr." Wenn
hier von Unnötigem geredet wird, dann bedeutet das, dass
es auch notwendige Dinge gibt. Hierzu würden wir sicherlich alles rechnen, was für unser Leib und Leben sowie
das unserer Familie erforderlich ist. Zusätzlich gibt es Dinge, die unser Leben angenehm machen, für die wir dankbar sind und über die wir uns freuen. Im Gleichnis vom
Verlorenen Sohn heißt es: „Und sie fingen an, fröhlich zu
sein" (Lk 15,24). Gott freut sich mit uns, wenn wir unsere
Feste feiern und fröhlich miteinander sind.

Aber was ist nun unnötig? Es gibt viele Dinge, die an und
für sich überhaupt nicht schlecht sind. Wenn sie aber un-

sere Zeit unangemessen in Anspruch nehmen und wir unser Herz daran hängen, wenn es Zeitfresser sind, die uns von der Nachfolge Jesu abhalten, dann werden sie zu unnötigen Sachen:

– Ein Hobby, das unsere freie Zeit so in Anspruch nimmt, dass wir keine Zeit für Gott finden.
– Freunde, die uns von der Nachfolge abhalten.
– Eine Sammlerleidenschaft, an die wir unser Herz hängen.

Jesus will uns bei seinem Kommen bei der Arbeit in seinem Weinberg antreffen. In Matthäus 20,6 heuert er mahnend die Leute zur Arbeit im Reiche Gottes an: „Was stehet ihr den ganzen Tag müßig?" Ungenützte Zeit ist verlorene Zeit. Verlorene Zeit ist unwiederbringlich dahin, man kann sie auf keinem Fundbüro wieder abholen.

Ermahnung zu positiver Pragmatik an Hand einiger Beispiele

Im Gleichnis von den anvertrauten Pfunden gibt Jesus den Rat: „Handelt damit, bis dass ich wiederkomme" (Lk 19,13). Mit diesem Wort gibt Jesus uns eine große Freiheit in unserem Tun. Unsere ganz individuellen Gaben und Begabungen können wir zum Einsatz bringen. Niemand ist unter uns, der nicht irgendetwas tun könnte. Wenn wir uns darum bemühen, wird uns sicher etwas einfallen. Wie sehr es auf den Willen ankommt, will ich am Beispiel einer alten Frau verdeutlichen:

Eine blinde Afrikanerin: Eine 70-jährige Frau lebte in einem französischsprachigen afrikanischen Land. Sie war blind und Analphabetin, aber sie liebte Gott. Sie besaß eine französische Bibel, die sie sehr schätzte, obwohl sie diese nicht lesen konnte. Eines Tages ging sie damit zum Missionar und bat ihn, die Textstelle von Johannes 3,16 rot zu markieren. Das tat er, ohne zu wissen, was die Blinde damit wollte. Nun setzte sich die Frau mit ihrer Bibel an den Ausgang der Schule und fragte die herauskommenden Kinder, ob jemand Französisch könne. Das bejahten die Schüler fröhlich, denn sie waren stolz auf ihre erlernten Sprachkenntnisse. Die Frau zeigte auf die angestrichene Stelle in der Bibel und bat, dass man sie ihr vorlese. Das taten die Kinder gerne: „Also hat Gott die Welt geliebt, dass er seinen eingeborenen Sohn gab, auf dass alle, die an ihn glauben, nicht verloren gehen, sondern das ewige Leben haben." Die Frau fragte nun, ob sie auch verstehen, was sie da gelesen haben. „Nein!" war die Antwort. Daraufhin erklärte die 70-Jährige es den zuhörenden Schülern. Es ist bekannt geworden, dass durch diesen Dienst später 24 Männer zu Verkündigern des Evangeliums geworden sind.

Ein Unternehmer: Der bekannte Evangelist *Wilhelm Pahls* berichtete von einem Schweizer Unternehmer, der sich zu Jesus bekehrt hatte. Schon bald nach seiner Entscheidung stand sein Entschluss fest: Ich will dem Herrn mit meinen Möglichkeiten dienen. Er dachte an die Außenmission und ging mit seinem Anliegen zu einem Seelsorger. Dieser betete mit ihm in dem Sinne, dass er bald das Richtige für sich erkennen möge.

Nach einiger Zeit war der Evangelist wieder an diesem Ort. Der Unternehmer suchte ihn erneut auf und berichtete, wie Gott ihn geführt hatte: „Ich kann zwar gut Unternehmen leiten, aber nicht predigen. Somit habe ich mich entschlossen, mit meinem Geld Menschen zu finanzieren,

die in die Mission gehen. Ich begann mit 10% meines Ein-
kommens, dann erhöhte ich auf 15% und später auf 20%.
Mein Geschäft ging immer besser und so habe ich meine
Fabrik vergrößert. Auch den Prozentsatz meiner Gaben
konnte ich weiter erhöhen. Inzwischen bin ich bei 50%
angelangt, und ich kann 30 Missionare voll finanzieren. Das
ist meine Missionsstrategie. Wäre ich selbst hinausgegan-
gen, hätte ich längst nicht so effektiv wirken können."

In Kirgisien bei Dichtern: Unvergesslich ist mir jener
Nachmittag des 22. April 1993, als wir zusammen mit dem
Übersetzer Dr. *Harry Tröster* und ein paar weiteren Freunden anlässlich einer Evangelisationsreise in Kasachstan
und Kirgisien unterwegs waren. In Bischkek, der Landes-
hauptstadt Kirgisiens, bekamen wir eine Einladung von
Dichtern. Etwa 24 Dichter hatten sich versammelt, wie
sie es in gewissen Zeitabständen immer wieder tun. Nach
freundlichen Worten der Begrüßung durch den Präsidenten schlug dieser vor, dass sich alle Teilnehmer einmal
vorstellen und dabei ihr Tätigkeitsfeld beschreiben sollten. Es kamen nach und nach alle an die Reihe und jeder
erzählte von seinen schriftlichen Werken. Der eine war
ein Meister der Lyrik und er sprach begeistert über dieses Thema. Andere berichteten von ihren Prosawerken.
Dann erzählte jemand, dass er „den Goethe" ins Kirgisische übersetzt habe. Er schilderte das voller Begeisterung,
weil er offenbar Freude bei uns Deutschen auslösen wollte. Alle hatten im Laufe der Jahre Großartiges geleistet.

Zum Schluss der Runde war ich an der Reihe. Mir ging
der Gedanke durch den Kopf: Wie kann ich diese Leute
ansprechen, um ihnen bei dieser geschenkten Gelegenheit etwas vom Evangelium nahe zu bringen? Mir war bewusst, dass die meisten aus muslimischem Hintergrund

kamen. So knüpfte ich an meine eigene Schriftstellerei an und erzählte ihnen zeugnishaft, wie ich zum Schreiben gekommen bin:

„Eigentlich lag mir nichts ferner als das Schreiben, wenn ich an die Schulzeit zurückdenke. Lieber schrieb ich in jener Zeit zehn Mathematikarbeiten als auch nur einen Aufsatz. Das kann sicher nicht jeder nachvollziehen, aber so war es nun einmal. Wie aber kam ich dennoch dazu, Bücher zu schreiben? In meinem Leben gab es ein einschneidendes Ereignis, das eine Änderung in meinem Leben bewirkt hat. Im November 1972 bekehrte ich mich nach einer Veranstaltung in der Stadthalle Braunschweig zu Jesus Christus. Ich habe erkannt, dass er die beste Botschaft für uns Menschen hat. Nie wieder ist den Menschen so etwas Gutes gesagt worden wie durch sein Evangelium. Mir wurde klar, nur durch ihn können wir ewiges Leben erhalten. Nun schreibe ich von dieser Botschaft Jesu. Ich möchte es vielen Menschen weitersagen, was ich gefunden habe. Darum schreibe ich. Ich freue mich, dass einige meiner Bücher ins Russische übersetzt sind. Diese Bücher haben wir mitgebracht und jeder von Ihnen erhält als Gastgeschenk ein Exemplar von allen Buchtiteln sowie eine Bibel." Dann sagte ich weiter:

„Was Sie denken und schreiben, das lesen und lernen die Kinder in der Schule und die Angehörigen Ihres Volkes. Sie haben durch Ihre schriftlichen Werke einen großen Einfluss auf Ihr Volk. Ich möchte Ihnen einen guten Rat aus meiner Sicht weitergeben: Lesen Sie die Bibel, und schreiben Sie dann über die Gedanken der Bibel, über Gott und über Jesus Christus. Das ist das Einzige, was in Ewigkeit bleibend ist. Alles andere ist vergänglich. Ja, wenn wir 1000 Bücher in unserem Leben geschrieben hätten, für die Ewigkeit wäre das unbedeutend. Schaffen Sie Ewigkeitswerte!"

Ich staunte, wie gespannt alle zugehört haben. Mein Zeugnis dauerte (mit Übersetzung) sicherlich über eine halbe Stunde. Der Präsident bedankte sich für meinen Beitrag, und er und seine Dichterkollegen stellten viele Fragen (z. B. Was ist der Unterschied zwischen Christentum und Islam? Ist die Bibel wahr?), auf die ich ausführlich antworten konnte. Am Ende der Versammlung standen die von uns mitgebrachten Bücher und Bibeln zur Verteilung bereit. Man stürzte sich förmlich auf die Literatur. Jeder nennt nun einen kleinen Bücherstapel mit vorwiegend evangelistischem Inhalt sein eigen. Hier bin ich mir sicher, dass diese Leute die Bücher lesen werden, denn sie sind den Umgang mit dem geschriebenen Wort gewohnt.

Was mag der Herr durch diesen Nachmittag gewirkt haben? Er weiß es allein und doch wurde inzwischen etwas sichtbar. Der stellvertretende Präsident hat inzwischen das Buch „Fragen, die immer wieder gestellt werden" [G2] ins Kirgisische übersetzt. Als wir zwei Jahre später erneut nach Kirgisien kamen, waren rechtzeitig für unseren Einsatz viele der Bücher verfügbar.

Einige weitere Bibelworte zur Pragmatik der Zeit

Galater 6,10: „Darum, … solange wir noch Zeit haben, lasset uns Gutes tun an jedermann, allermeist aber an des Glaubens Genossen."

Epheser 5,15-16: „So sehet nun wohl zu, wie ihr wandelt, … und kaufet die Zeit aus."

2. Timotheus 4,2: „Predige das Wort, stehe dazu, es sei zur Zeit oder zur Unzeit."

Der Auftrag Gottes mit der Zeit

In Johannes 9,4 sagt der Herr Jesus: „Ich muss wirken die
Werke des, der mich gesandt hat, solange es Tag ist; es
kommt die Zeit der Nacht, da niemand wirken kann." Auf
uns angewandt, heißt das: „Wirke im Reiche Gottes, solange es noch Gelegenheiten gibt; es kommt die Zeit der
Nacht, dann ist jede Möglichkeit vertan!" Was ist das für
eine Nacht?

– Es ist zunächst einmal unser natürliches Lebensende
  im Sterben. Dann ist der geschenkte Tag für jeden Einzelnen von uns vorbei. Was wir bis dahin nicht getan
  haben, bleibt unerledigt.

– Es ist weiterhin die Veränderung der Weltlage: Von
  manchen Missionsländern hören wir, dass die einst of-
  fenen Türen zugehen. Die Zeit des Wirkens ist dann
  vorbei. Wir haben in unserem Land noch die Möglichkeit, das Evangelium in aller Freiheit und Offenheit zu
  sagen. Wir wollen für diese offene Tür dankbar sein
  und sie nutzen.

– Im letzten Sinn ist es die „Nacht" des antichristlichen
  Weltreiches. Alle Türen sind dann verschlossen. Es
  kann niemand mehr wirken:

  · nicht der Willigste
  · nicht der Stärkste
  · nicht der Fähigste
  · nicht der Begabteste
  · NIEMAND!

Auch diejenigen, die dann noch gerne das Wort Gottes

annehmen möchten, werden es in dieser Nacht nicht mehr können. Der Prophet Amos beschreibt die Nacht wie folgt:

> „Siehe, es kommt die Zeit, spricht der Herr, Herr, dass ich einen Hunger ins Land schicken werde, nicht einen Hunger nach Brot oder Durst nach Wasser, sondern nach dem Wort des Herrn, zu hören; dass sie hin und her von einem Meer zum andern, von Mitternacht gegen Morgen umlaufen und des Herrn Wort suchen, und doch nicht finden werden" (Amos 8,11-12).

Welch furchtbare Nacht ist angebrochen! Man will glauben und kann es nicht mehr. Wenn jemand unter uns ist, der den Herrn Jesus noch nicht angenommen hat, der sollte es heute tun: Jetzt ist die angenehme Zeit, jetzt ist die Zeit des Heils. Ich weiß nicht, ob der Herr dich noch einmal ruft. Die Bibel sagt in Hiob 33,29: „Siehe, das alles tut Gott zwei- oder dreimal mit einem jeglichen." Dann nicht mehr. Ergreife das Heil heute! Wie eine Rakete ihr Ziel verfehlen kann, kann auch unser Leben am Ziel vorbeitreiben. Wir haben unser Leben verpasst, wenn wir es ohne Jesus leben.

Wirke in dieser Zeit im Reiche Gottes

In Epheser 5,15-16 lesen wir: „Sehet nun wohl zu, wie ihr wandelt, nicht als Unweise, sondern als Weise, und kaufet die Zeit aus." Was heißt das? Überlegt euch mit aller verfügbaren Klugheit, wie ihr die Zeit bestmöglich nutzen könnt und sie im Reiche Gottes einsetzen könnt! Die Zeit ist ein anvertrautes Pfund. Jeder Augenblick ist eine Gabe Gottes und sollte mit Sorgfalt verwaltet werden. Es ist das große Vorrecht, das wir haben: Wir können unsere Zeit für eine Sache einsetzen, die alle Zeit überdauern wird. Von *Thomas von Kempen* stammt ein treffendes Lebensprinzip: „Jetzt, solange du Zeit hast, sammle dir unvergängliche Schätze." Und ein anderer Gottesmann formulierte: „Die Zeit ist das notwendige Vorzimmer oder das Ankleidekabinett für die Ewigkeit." Wer Zeit totschlägt, hat ein Gnadengeschenk Gottes totgeschlagen.

Fernsehen kostet Zeit! Setzen wir einmal die Zeit ins Verhältnis, die wir am Fernseher verbringen, mit der Zeit, die wir für das Reich Gottes einsetzen. Wie wird Gott diese Bilanz beurteilen? Jemand hatte einen Fernsehpsalm (in Anlehnung an Psalm 23) gedichtet, der etwas von den Gefahren dieses Massenmediums aufzeigt:

> Der Fernsehapparat ist mein Gott,
> mir wird nichts mangeln.
> Er füttert mich mit pikanten Abenteuern
> und führt mich zum trüben Wasser der Sünde.
> Er vergiftet meine Seele,
> er führt mich auf gefahrvoller Straße,
> um anderer Gewinns willen.
> Und ob ich schon nichts zu tun wüsste,
> fürchte ich keine Langeweile,
> denn du vertreibst sie mir,
> deine Liebesgeschichten und Witze trösten mich.
> Du bereitest vor mir viele Bilder –
> im Angesicht meiner Kinder –
> du benebelst mein Haupt mit Sensationen
> und schenkest mir voll ein.
> Mörder und Verbrecher
> verfolgen mich in nächtlichen Träumen,
> doch ich werde bleiben
> im Banne des Fernsehens allezeit.

Der amerikanische Schriftsteller *Neil Postman* (*1931) schrieb die beiden Sachbücher „Das Verschwinden der Kindheit" (1983) und „Wir amüsieren uns zu Tode" (1986). Er erhebt darin Anklage gegen die bedingungslose Hingabe an die elektronische Informationsgesellschaft, die zum Verlust der Schreib- und Lesefähigkeit führt. Damit schwindet nach *Postman* auch die Unterscheidung zwischen Erwachsenen- und Kinderwelt. Er führt weiterhin aus, dass die heutige Mediengesellschaft zur Bindungs- und Traditionslosigkeit und zur Gefährdung geistlicher Existenz führt.

Der Hebräerbrief 12,1 rät uns: „Lasset uns ablegen alles, was uns beschwert. … Lasset uns mit Ausdauer in den Wettkampf laufen, der uns bestimmt ist." Wie läuft ein Wettkämpfer eigentlich in der Kampfbahn? Trägt er dabei einen dicken Pelz und schwere Stiefel? Er hat vielmehr zuvor jede Last abgelegt, die ihn beschweren könnte. Werfen wir doch auch die Dinge ab, die unsere Zeit unnötig belasten! Jede Zeit, die wir mit wertlosen Dingen verbringen, geht unwiederbringlich von dem Kontingent verloren, das wir Gott geben könnten. *Ludwig Hofacker* sagte einmal: „Unsere gegenwärtige Zeit ist die Saatzeit für die Ewigkeit. Was wir hier säen, das werden wir dort ernten."

So wollen auch wir unsere Zeit in rechter Weise auskaufen, d. h. planen. Es ist erstaunlich, wie manchmal gerade Leute, die nicht vom Glauben herkommen, mit der Zeit haushalterisch umgehen. So sagte der Nobelpreisträger und Verhaltensforscher *Konrad Lorenz* (1903–1989) einige Jahre vor seinem Tod (Braunschweiger Zeitung vom 30. 03. 80): „Ich habe jetzt immerhin soweit Torschlusspanik, dass ich auf keine Kongresse mehr fahre, keine Rei-

sen mehr unternehme, sondern nur noch schreibe." Hier
erkennt jemand, dass die Zeit kurz ist und handelt danach. Das könnten wir so übernehmen, jedoch mit einem
Unterschied; wir sollen keine Torschlusspanik bekommen,
denn für uns gilt, was in Psalm 31,16 steht:

„Meine Zeit steht in deinen Händen": Wenn unsere Zeit
in Gottes Hand ist, dann ist es immer gewonnene Zeit.
Das bedeutet ein Dreifaches:

1. Eine gute Zeitplanung haben. Das Wort an Hiskia „Bestelle dein Haus" (2 Kön 20,1) gilt nicht erst beim Sterben, sondern täglich.
2. Geistliche Regeln haben, nach denen wir handeln.
3. Hören, was Gott mit meiner Zeit will.

Zeit in Gottes Hand bewirkt, dass wir unsere Jahre nicht
vergeuden (Ps 90,9), sondern auf die Wechselbank Gottes einzahlen. Das kann für jeden Einzelnen sehr unterschiedlich sein.

Wenn wir in der Zeit Gottes leben, kommt es uns nicht
mehr auf die Zahl der Jahre an. So erzählte mir ein afri-
kanischer Freund von einem Friedhof in Ghana. Dort gibt
es viele Gräber von Missionaren aus der Zeit der erstma-
ligen Missionierung des Landes. Viele lebten nur drei Tage
in dem Land, das sie missionieren wollten und starben
dann an Malaria oder anderen tropischen Krankheiten.
Auf den Grabsteinen ist das verzeichnet. War es nun alles
vergeblich? Rein menschlich würden wir es wohl sagen.
Aber die Männer gingen im Auftrag Gottes; ihre Zeit lag
in seiner Hand und war damit auch Frucht für die Ewigkeit. Über das Zeugnis dieses ghanesischen Freundes habe
ich oft nachdenken müssen. Er sagte:

„Eines Tages ging ich über diesen Friedhof und las die Aufschriften der Grabsteine. Mir wurde klar: Mit welch großer Liebe von Gott müssen diese Menschen erfüllt gewesen sein, wenn sie ihr Leben ließen, um auch anderen die gute Nachricht der Rettung zu bringen. Durch das Zeugnis der Grabsteine erhielt ich den entscheidenden Anstoß, um selbst zu Jesus zu kommen."

Waren also Zeit und Leben der Missionare vergeblich eingesetzt? Niemals!

2.5.5 Apobetik der Zeit

Mit der Apobetik der Zeit ist die Zielorientierung in der Zeit angesprochen:

– Haben wir einen zielorientierten Einsatz für die Zeit unseres Lebens?
– Haben wir das ewige Ziel im Blick?

Ziele oder Absichten?

Zwei Strategien beeinflussen unsere Vorhaben: Entweder haben wir feste Ziele vor uns oder nur vage Absichten!

1. Absichten: Absichten sind immer ohne Zeitbezug. Sie sind diffus und darum wertlos. Man sagt „irgendwann" oder „ein andermal" und bringt damit sein Nichtwollen und seine Nichtbereitschaft zum Ausdruck. Hinter einer Absichtserklärung steckt keine zeitliche Strategie. Wenn jemand sagt, er möchte gern einmal den Mt. Everest besteigen, dann ist das nicht mehr als eine gut gemeinte Absicht. Er hat vielleicht einige Fotos gesehen und ist begeistert von diesem Gebirge. Schön wäre es, einmal alles selbst zu sehen, aber es reicht nicht zu einem Plan in der Zeit, die Expedition durchzuführen. Es bleibt bei einer bloßen Absichtserklärung, bei einer rein gedanklichen und allgemeinen Wunschvorstellung.

2. Ziele: Ziele hingegen sind zeitbezogen und darum wirkungsvoll. Sagt jemand, er wolle im nächsten Monat den Mt. Everest besteigen, dann können wir davon ausgehen, dass er sich bereits bestens auf die Reise eingestellt hat. Er ist im Besitz aller erforderlichen Landkarten, die Visa sind beantragt und die erforderliche Bergsteigerausrüstung hat er bereits beschafft.

Die Bibel zeigt uns beides, Leute mit Absichten und solche mit Zielen. Die unterschiedliche Auswirkung können wir leicht erkennen:

Der **Verlorene Sohn** sagte: „Ich will mich aufmachen [jetzt, sofort!!!] und zu meinem Vater gehen, und zu ihm sagen: Vater ich habe gesündigt gegen den Himmel und vor dir" (Lk 15,18). Er bricht also augenblicklich auf. Das war keine diffuse Absicht. Sein Plan lag in der Zeit fest, nämlich ohne Zeitverzug im Sofort. Er hatte sich sogar schon überlegt, was er dem Vater sagen will.

Die **Philosophen von Athen** hörten von Paulus auf dem Areopag das rettende Evangelium, sie entschieden sich aber nicht, sondern formulierten nur eine vage Absichtserklärung: „Wir wollen dich davon ein andermal hören" (Apg 17,32b). Es ist nicht bekannt, dass sie noch einmal die Chance der Errettung erhielten, denn Paulus zog weiter.

Die Bibel nennt uns zahlreiche Personen, die sich vom Ziel her leiten ließen und uns mit ihrer guten Apobetik als Vorbilder dienen können. Zwei seien hier stellvertretend beschrieben:

Mose: Wir wollen uns zunächst einen Mann der Bibel anschauen, der eine unglaubliche Karriere vor sich hatte, der diese Chance aber nicht nutzte. Ja, er verpasste sie geradezu, weil er eine andere Entscheidung in seinem Leben traf. Im Alten Testament ist sehr ausführlich von ihm geschrieben. Er ist wohl jene menschliche Gestalt, von der das Alte Testament am meisten berichtet. Im

Neuen Testament finden wir eine sehr knappe Zusammen-
fassung seiner Biografie. Wenn in wenigen Sätzen über
ein ganzes Leben berichtet werden soll, dann kommen
zweifellos nur die Hauptlinien eines Lebens zum Zuge.
Steht diese in der Bibel, dann kommt zum Tragen, was
Gott als das Markante ansieht. (Wie sähe wohl unsere
Kurzbiografie aus?) Hören wir aber zunächst die Biografie des Mose, die wir in Hebräer 11,24-26 finden: „Durch
den Glauben wollte Mose, als er groß geworden war, nicht
mehr als ein Sohn der Tochter des Pharao gelten … und
hielt die Schmach Christi für größeren Reichtum als die
Schätze Ägyptens; denn **er sah auf die Belohnung.**"

Als Baby war Mose vor den Ägyptern in einem geflochte-
nen Körbchen versteckt worden. Die Pharaotochter fand
den kleinen Jungen im Schilf des Nils und beschloss augenblicklich, das Baby als ihr eigenes aufzuziehen. Mose
wuchs in einer privilegierten Umgebung auf: Am Hofe
des Pharao mangelte es ihm an nichts. Er studierte an
den besten Universitäten des Landes, so dass es von ihm
heißt: „Und Mose wurde in aller Weisheit der Ägypter
gelehrt und war mächtig in Worten und Werken" (Apg
7,22). Eine einzigartige Karriere war geradezu program-
miert: Er hätte ein bekannter Gelehrter werden können
oder der Anführer des damals größten Heeres; ja mehr
noch, vielleicht sogar Pharao von Ägypten. Ich kann es
mir gut vorstellen, dass er sich die größte Pyramide in
Gizeh hätte bauen lassen können, die noch die Cheops-
pyramide im wahrsten Sinne des Wortes in den Schatten
gestellt hätte. Bei diesem Lebenslauf würden die Touris-
ten heute die Pyramide des Mose als große Attraktion
bestaunen und als Dias mit nach Hause bringen. Werbe-
prospekte in aller Welt würden heute mit den Fotos dieser Pyramide zu einer Ägyptenreise einladen.

Nichts von alledem geschah! Gott berief diesen Mann (2 Mo 3) und gab ihm den Auftrag, das Volk Israel aus Ägypten zu führen. Das bedeutet: Zuerst 40 Jahre Glaubenskurs in der Wüste und dann bis zum Lebensende noch einmal 40 Jahre Wüstenwanderung. Können wir uns zwei unterschiedlichere Alternativen eines Lebensweges vorstellen? Das Geheimnis seiner Wahlentscheidung lüftet sich für uns, wenn wir den letzten Satz der Kurzbiografie des Mose betrachten: „denn er sah hin auf die Belohnung." Mose sah weiter als das, was im Augenblick vor Augen stand. Er konnte auf den Pharaonenthron verzichten und stattdessen den Rest seines Lebens in der Wüste zubringen. Er orientierte sich am Ziel, er sah auf die Belohnung in der Ewigkeit. Wer das Ewige sieht, der hängt nicht mehr am Vergänglichen. Paulus sagt: „Denn ich halte dafür, dass dieser Zeit Leiden der Herrlichkeit nicht wert sei, die an uns offenbart werden soll" (Röm 8,18). So wollen wir uns im letzten Teil des Buches (Teil III) näher mit der Ewigkeit befassen.

Paulus: Paulus war nach seiner Bekehrung ein Mann mit einer eindeutigen Apobetik für sein Leben: „Ich vergesse, was dahinten ist, und strecke mich aus nach dem, was da vorne ist, und jage nach dem vorgesteckten Ziel, dem Siegespreis der himmlischen Berufung Gottes in Christus Jesus" (Phil 3,13-14). Mit diesem Ziel vor Augen vermochte er mit jeder Situation fertig zu werden: „Ich kann niedrig sein und kann hoch sein; mir ist alles und jedes vertraut; ich kann beides: satt sein und hungern, beides: übrig haben und Mangel leiden. Ich vermag alles durch den, der mich mächtig macht, Christus" (Phil 4,12-13).

Der Weg mit Christus und die Verkündigung des Evangeliums sind nicht selten mit großen Schwierigkeiten und Anstrengungen verbunden. Auch wenn die Saat unter Tränen eingebracht wurde, wird die Ernte in der Ewigkeit nur Freude sein: „Die mit Tränen säen, werden mit Freuden ernten. Sie gehen hin und weinen und streuen ihren Samen und kommen mit Freuden und bringen ihre Garben" (Ps 126,5-6). Paulus beschreibt im 2. Korintherbrief, wie er dieses Psalmwort erlebt hat: „In allen Dingen erweisen wir uns als Diener Gottes: in großer Geduld, in Trübsalen, in Nöten, in Ängsten, in Schlägen, in Gefängnissen, in Verfolgungen, in Mühen, im Wachen, im Fasten, … als die Unbekannten, und doch bekannt; als die Sterbenden, und siehe, wir leben; als die Gezüchtigten, und doch nicht getötet; als die Traurigen, aber allezeit fröhlich; als die Armen, aber die doch viele reich machen; als die nichts haben, und doch alles haben" (2 Kor 6,4-5.9-10). Nichts hält diesen Mann von seinem Ziel ab, darum konnte er sagen: „Aber ich achte mein Leben nicht der Rede wert, *wenn ich nur meinen Lauf vollende* und das Amt ausrichte, das ich von dem Herrn Jesus empfangen habe, zu bezeugen das Evangelium von der Gnade Gottes" (Apg 20,24).

Paulus ist uns ein gutes Vorbild für ein zielorientiertes Leben. Weil er in so eindeutiger Weise den Himmel als Ziel sah (Phil 3,13-14), konnte er auf der Erde Großes leisten. Er wurde zum größten Missionar aller Zeiten. Am Ende seines Lebens hält er Rückblick; auch hier ist das Ziel wieder maßgebend: „Ich habe den guten Kampf gekämpft, ich habe den Lauf vollendet, ich habe den Glauben gehalten" (2 Tim 4,7).

Biblische Ermahnungen zu guter Apobetik

Prediger 11,6: „Frühe säe deinen Samen und lass deine Hand des Abends nicht ab; denn du weißt nicht, ob dies oder das geraten wird; und ob beides geriete, so wäre es desto besser."

1. Korinther 9,24: „Wisset ihr nicht, dass die, so in der Kampfbahn laufen, die laufen alle, aber einer empfängt den Siegespreis? Laufet so, dass ihr ihn erlanget!"

Kolosser 2,18: „Lasset euch von niemand das Ziel verrücken."

Kolosser 3,23: „Alles, was ihr tut, das tut von Herzen als dem Herrn und nicht den Menschen."

Hebräer 2,1: „Darum sollen wir desto mehr achthaben auf das Wort, das wir hören, damit wir nicht am Ziel vorbeitreiben."

Biblische Warnungen vor falscher Apobetik

Prediger 5,9: „Wer Geld liebt, wird des Geldes nimmer satt; und wer Reichtum liebt, wird keinen Nutzen davon haben."

Prediger 11,4: „Wer auf den Wind achtet, der sät nicht; und wer auf die Wolken sieht, der erntet nicht" (keine Apobetik!).

Lukas 12,20: „Aber Gott sprach zu ihm: **Du Narr!** Diese Nacht wird man deine Seele von dir fordern; und wes wird's sein, das du bereitet hast?"

Man kann seine Zeit auch ohne Apobetik vertun: In dem Gedicht „Die drei Zigeuner" hat *Nikolaus Lenau* (1802 – 1850) solche Menschen beschrieben, wobei er dieser Ziellosigkeit sogar etwas Gutes abgewinnt:

> **Drei Zigeuner** fand ich einmal
> liegen auf einer Weide,
> als mein Fuhrwerk mit müder Qual
> schlich durch die sandige Heide.

Hielt der **eine** für sich allein
in den Händen die Fiedel,
spielte, umglüht vom Abendschein,
sich ein feuriges Liedel.

Hielt der **zweite** die Pfeif' im Mund,
blickte nach seinem Rauche,
froh, als ob er vom Erdenrund
nichts zum Glücke mehr brauche.

Und der **dritte**
behaglich schlief,
und sein Zimbal am Baum hing,
über die Saiten
der Windhauch lief,
über sein Herz ein Traum ging.

An den Kleidern trugen die drei
Löcher und bunte Flicken,
aber sie boten trotzig frei
Spott den Erdengeschicken.

Dreifach haben sie mir gezeigt,
wenn das Leben uns nachtet,
wie man's verraucht,
verschläft, vergeigt
und es dreimal verachtet.

Nach den Zigeunern lang' noch schaun
musst' ich im Weiterfahren,
nach den Gesichtern dunkelbraun,
den schwarzlockigen Haaren.

(Karikaturen von *Carsten Gitt*)

Zu guter Apobetik in der Zeit rät hingegen das folgende
Gedicht (Verfasser unbekannt):

> Die Zeit ist kurz, o Mensch, sei weise
> und wuch're mit dem Augenblick;
> nur einmal machst du diese Reise,
> lass eine Segensspur zurück!
>
> Du kannst nicht eine Stunde halten:
> Eh' du es merkst, ist sie entfloh'n;
> die Weisheit rät' dir, Treu zu halten,
> den Treuen winket hoher Lohn.
>
> Sieh, wie dem Tor die Zeit verrinnet
> mit Essen, Trinken, Scherzen, Ruh'n:
> Der Kluge wirket und gewinnet,
> erfüllt die Zeit mit Gutes tun.
>
> Drum, Heiland, lehr' mich meine Jahre
> zu deinem Dienste einzig weih'n;
> von heute an bis hin zur Bahre
> für jenes Leben Samen streu'n.

2.5.6 Zusammenfassung

Die vorangegangenen Kapitel 2.5.1 bis 2.5.5 haben gezeigt,
dass durch die Einbeziehung biblischer Aspekte das Phänomen **Zeit** eine starke Ausweitung, aber auch eine tiefe-
re Erklärung erfährt. Das 5-Ebenen-Konzept erweist sich
als vollständig anwendbar auch für die Zeit. In den **Bildern 4, 5** und **6** wird dies noch einmal zusammenfassend
und anschaulich dargelegt.

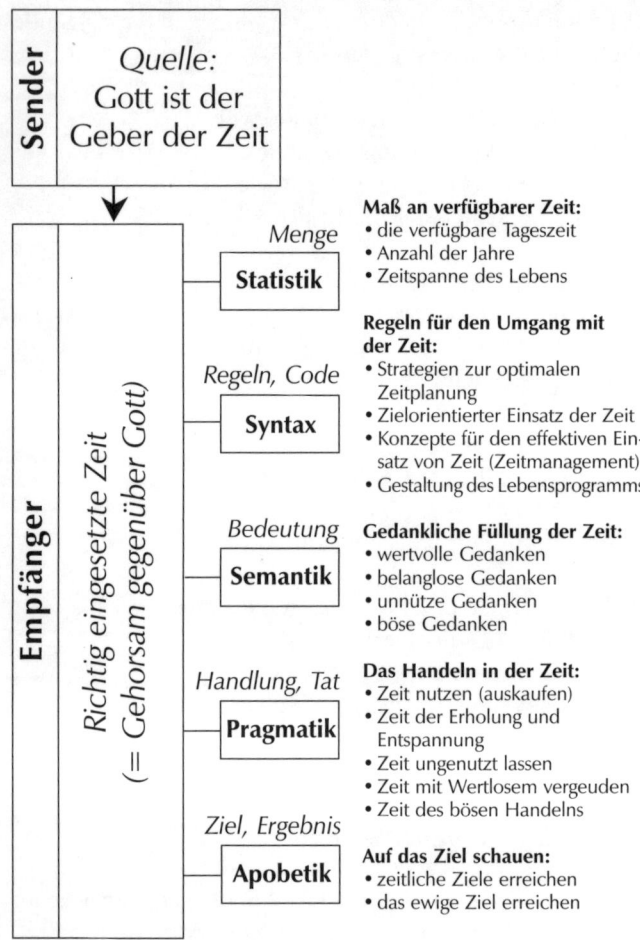

Sender

Quelle:
Gott ist der
Geber der Zeit

Empfänger

*Richtig eingesetzte Zeit
(= Gehorsam gegenüber Gott)*

Menge
Statistik

Maß an verfügbarer Zeit:
• die verfügbare Tageszeit
• Anzahl der Jahre
• Zeitspanne des Lebens

Regeln, Code
Syntax

Regeln für den Umgang mit der Zeit:
• Strategien zur optimalen Zeitplanung
• Zielorientierter Einsatz der Zeit
• Konzepte für den effektiven Einsatz von Zeit (Zeitmanagement)
• Gestaltung des Lebensprogramms

Bedeutung
Semantik

Gedankliche Füllung der Zeit:
• wertvolle Gedanken
• belanglose Gedanken
• unnütze Gedanken
• böse Gedanken

Handlung, Tat
Pragmatik

Das Handeln in der Zeit:
• Zeit nutzen (auskaufen)
• Zeit der Erholung und Entspannung
• Zeit ungenutzt lassen
• Zeit mit Wertlosem vergeuden
• Zeit des bösen Handelns

Ziel, Ergebnis
Apobetik

Auf das Ziel schauen:
• zeitliche Ziele erreichen
• das ewige Ziel erreichen

Bild 4: *Das 5-Ebenen-Konzept der Zeit.*
Der Mensch als Empfänger der von Gott geschenkten Zeit. Obwohl das Maß der Zeitspanne unseres Lebens (statistischer Aspekt) nicht in unserer Hand liegt, so haben wir doch aufgrund der uns geschenkten Freiheit auf den vier höheren Ebenen verschiedene Wahlmöglichkeiten.

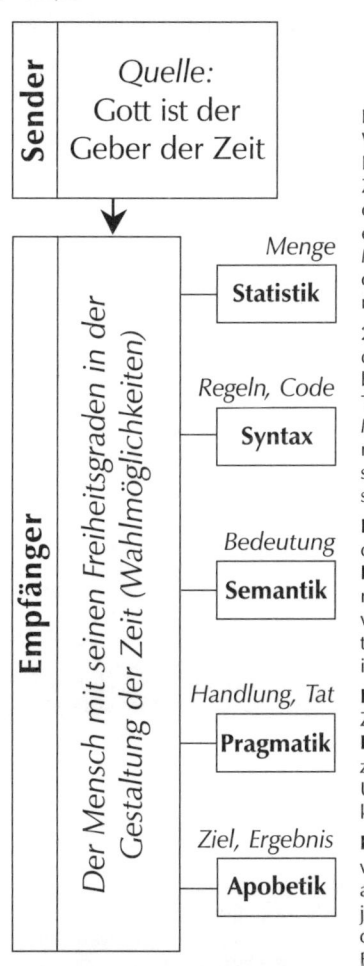

Hiob 14,1+5: Der Mensch, vom Weibe geboren, lebt kurze Zeit … Er hat seine bestimmte Zeit, die Zahl seiner Monden steht bei dir; du hast ein Ziel gesetzt, das wird er nicht überschreiten.

Matthäus 6,27: Wer ist unter euch, der seines Lebens Länge eine Spanne zusetzen kann?

2. Mose 20 9-10: Sechs Tage sollst du arbeiten und alle deine Dinge beschicken; aber am siebenten Tage … da sollst du kein Werk tun.

Matthäus 6,33: Trachtet am ersten nach dem Reich Gottes und nach seiner Gerechtigkeit, so wird euch solches alles zufallen.

Psalm 31,16: Meine Zeit steht in deinen Händen.

Psalm 86,11: Weise mir, Herr, deinen Weg (in dieser Zeit), dass ich wandle in deiner Wahrheit: erhalte mein Herz bei dem einen, dass ich deinen Namen fürchte.

Lukas 19,13: Handelt damit (in der Zeit), bis dass ich wiederkomme.

Epheser 5,15-16: Sehet nun wohl zu, wie ihr wandelt, nicht als Unweise, sondern als Weise, und kaufet die Zeit aus.

Philipper 3,13-14: Ich vergesse, was dahinten ist und strecke mich aus nach dem, was da vorne ist und jage nach dem vorgesteckten Ziel, dem Siegespreis der himmlischen Berufung Gottes in Christus Jesus.

Bild 5: *Das 5-Ebenen-Konzept der Zeit.*
Die nach biblischen Leitlinien richtig eingesetzte Zeit. Auf allen vier Ebenen oberhalb der Statistik haben wir die Freiheit, auf die Leitlinien Gottes einzugehen. Wenn wir uns danach richten, befinden wir uns im Gehorsam Gottes.

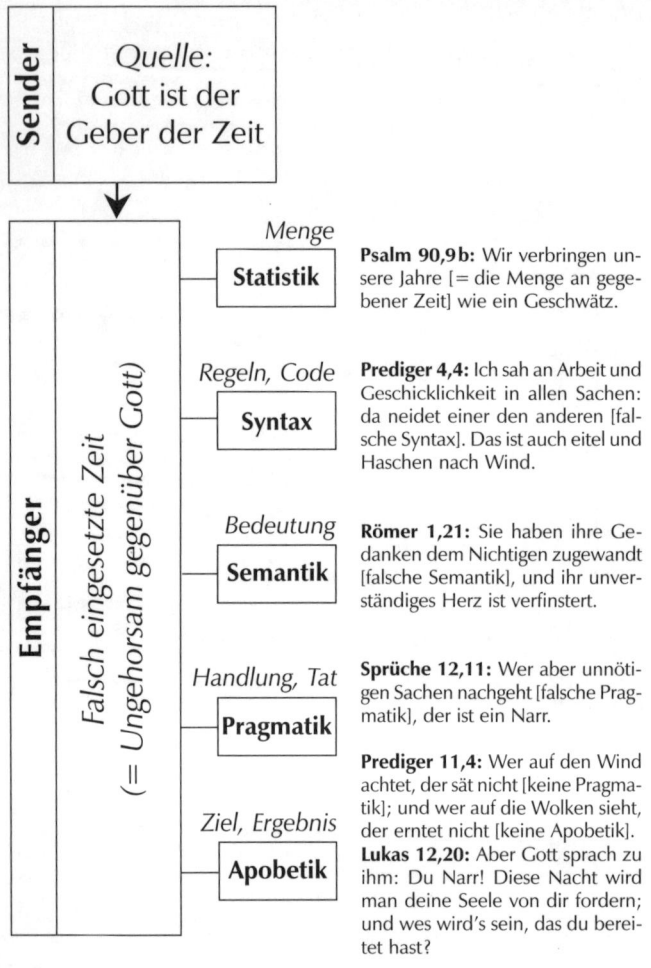

Bild 6: *Das 5-Ebenen-Konzept der Zeit.*
Die nach biblischen Leitlinien falsch eingesetzte Zeit. Auf allen vier Ebenen oberhalb der Statistik können wir unsere Freiheit missbrauchen und damit entgegen den Leitlinien Gottes handeln. Wer dies tut, befindet sich im Ungehorsam gegenüber Gott.

Am Ende von Kapitel 2.4 hatten wir die Frage gestellt, ob sich für die Zeit vergleichbare Naturgesetze formulieren lassen wie für die Information. Nach den ausgiebigen vorangegangenen Darlegungen kann diese Frage bejaht werden. So können wir zwei Naturgesetze* festhalten:

N1: Die statistische Zeit ist physikalisch messbar.

N2: Die (anthropologische) Zeit hat (ebenso wie die Information) fünf hierarchische Ebenen: Statistik, Syntax, Semantik, Pragmatik und Apobetik.

Es sollen noch einige weitere Sätze formuliert werden, die aber nicht den Rang eines Naturgesetzes haben, weil sie nicht aus unserer Erfahrungswelt ableitbar sind. Sie sind der Bibel zu entnehmen, und darum sind sie ebenfalls wahr:

S1: Die Zeit war nicht schon immer da. Sie ist mit der Schöpfung dieser Welt in Existenz gerufen.

S2: Die Zeit wird nicht immer sein. Sie hat ein ihr vom Schöpfer gesetztes Ende.

---

*) **Naturgesetze:** Näheres dazu (z. B. Was ist ein Naturgesetz? Welche Kriterien müssen erfüllt sein, damit ein Naturgesetz vorliegt? Welche Bedeutung haben Naturgesetze für die Technik und die Naturwissenschaften?) siehe [G1, S. 25-49].

2.6 Die wichtigste persönliche Entscheidung in der Zeit

In Prediger 3 steht: „Alles hat seine Zeit." Auch der Ruf Gottes an uns hat seine bestimmte Zeit. Nicht immer bekommen wir diese Gelegenheit zu einer Entscheidung. Die himmlische Uhr läuft nicht nach der Atomuhr, sondern nach dem Kairos Gottes. Gott ruft uns nicht alle Tage. Im Buche Hiob steht: „Siehe, das alles tut Gott zwei- oder dreimal mit einem jeglichen" (Hiob 33,29). Der Ruf Gottes meint Sie heute. Beim Studium des Neuen Testaments fällt auf: Menschen, die mit dem Evangelium konfrontiert wurden, ergriffen das Heil noch am selben Tag. Zachäus (Lk 19,1-9) war voller Neugier und stieg auf einen Baum, um den vorbeiziehenden Jesus zu sehen. Jesus ging auf ihn zu, sagte ihm das für sein Heil Notwendige, und er bekehrte sich gründlich. Den Kerkermeister von Philippi (Apg 16,23-34) traf die Botschaft der Rettung nach Mitternacht. Er wird dem Befehl: „Glaube an den Herrn Jesus!" gehorsam und findet als Heide das ewige Leben. Die Lydia (Apg 16,14-15) hört das rettende Wort beim Wäschewaschen und fand das ewige Heil in Jesus. Der Schächer am Kreuz (Lk 23,40-43) ruft Jesus als den Herrn der Ewigkeit an und wird angenommen.

Hätte man alle diese Leute beim Frühstück gefragt, ob sie sich an diesem Tag bekehren wollen, so hätten sie mit einem klaren NEIN geantwortet. Gott aber rief sie zu seiner Stunde und warf ihnen das rettende Seil zu. Es ist bemerkenswert, dass sie alle augenblicklich – also am selben Tag, an dem sie die rettende Botschaft hörten – zugriffen und das ewige Leben annahmen. So nehmen auch Sie den Ruf Gottes beim Lesen dieses Textes ernst und ergreifen Sie heute das Heil. Es könnte jetzt Ihre Stunde sein!

Andere Menschen konnten oder wollten sich nicht entscheiden. Der Reiche Jüngling ging nach der entscheidenden Begegnung mit Jesus traurig davon (Lk 18,18-23), weil er die Nachfolge Jesu aufgrund seiner Bindung an den Reichtum ausschlug. Die Athener Philosophen scheuten eine Entscheidung und wollten Paulus lieber ein anderes Mal zuhören (Apg 17,32) und König Agrippa stand kurz vor einer Bekehrung: „Es fehlt nicht viel, du wirst mich noch bereden und mich zum Christen machen" (Apg 26,28). Nirgends berichtet uns die Bibel, dass diese Menschen sich anderweitig bekehrt haben. Darum gibt Gott uns den Rat: „Heute, wenn ihr seine Stimme hören werdet, so verstocket eure Herzen nicht" (Hebr 4,7). Schlagen Sie es heute nicht aus, damit Sie das ewige Ziel nicht verfehlen!

Die Bekehrung zu Jesus Christus

Zur Beantwortung der Frage „Wie komme ich in den Himmel?" haben die Menschen im Laufe der Jahrhunderte die verschiedensten Möglichkeiten ersonnen. Die vielen Religionen, Sekten und eigenen Wege legen ein beredtes Zeugnis davon ab.

Die Stiftsherrin: Eine reiche Stiftsherrin ließ ein Armenhaus bauen, und nahm dort 12 Frauen auf, denen kostenlos Unterkunft und Verpflegung gewährt wurde. Als Gegenleistung mussten sie sich dazu verpflichten, täglich eine Stunde für das Seelenheil der Herrin zu beten. Wer weiß, ob sie es wirklich getan haben? Vielleicht sind 12 Frauen zu wenig? Müssten es eventuell 24 Frauen sein, die zwei Stunden beten, bis es für den Himmel ausreicht? Wer legt den frei erfundenen Maßstab fest?

Der Mann mit dem Spaten: Nach einem Vortrag vor Ge-

schäftlsleuten in einem Hotel kam ich mit den Tischnach-
barn ins Gespräch. Ich hatte über Jesus und den Himmel
gesprochen. Nun fragte ich mein Gegenüber, ob er glaube, einmal in den Himmel zu kommen. Über sein JA war
ich sehr erfreut. Auf meine Frage, welches die Basis dazu
sei, antwortete er: „Ich bin ein friedlicher Mensch und
komme mit meinen Nachbarn gut aus. Das sieht Gott, und
das reicht." Darauf gab ich zur Antwort: „Es ist gut, wenn
Sie sich mit den Menschen Ihres Umfeldes verstehen, aber
niemand kommt in den Himmel, wenn er einige gute Werke tut und dem Nachbarn mal seinen Spaten leiht." Es ist
eine landläufige Meinung, wenn wir gute Taten tun, so sei
dies bereits die Eintrittskarte für den Himmel. Das ist ein
großer Irrtum, wie wir gleich noch sehen werden.

Helfen all die eigenen Wege? Einen bemerkenswerten Text
bezüglich des Eingangs in den Himmel finden wir im Lu-
kasevangelium. Da kam jemand zu Jesus und fragte: „Herr,
meinst du, dass nur wenige selig werden?" (Lk 13,23). Die
Antwort Jesu in Lukas 13,24-29 zeigt uns den Ernst der
Sache:

> **„Ringet darum**, dass ihr durch die enge Pforte hinein-
> geht; denn viele, das sage ich euch, werden danach
> trachten, wie sie hineinkommen, und werden's nicht
> können. Wenn der Hausherr aufgestanden ist und die
> Tür verschlossen hat, und ihr anfangt, draußen zu ste-
> hen und an die Tür zu klopfen und zu sagen: Herr, tu
> uns auf!, dann wird er antworten und zu euch sagen:
> Ich kenne euch nicht; wo seid ihr her?
> Dann werdet ihr anfangen zu sagen: Wir haben vor dir
> gegessen und getrunken, und auf unseren Straßen hast
> du gelehrt. Und er wird zu euch sagen: Ich kenne euch
> nicht; wo seid ihr her? Weicht alle von mir, ihr Übeltä-

ter! Da wird Heulen und Zähneklappen sein, wenn ihr sehen werdet Abraham, Isaak und Jakob und alle Propheten im Reich Gottes, euch aber hinausgestoßen. Und es werden kommen von Osten und von Westen, von Norden und von Süden, die zu Tisch sitzen werden im Reich Gottes."

Die obigen Aussagen Jesu zeigen uns einige sehr wesentliche Aspekte über Menschen, die das Ziel erreichen bzw. nicht erreichen:

– Viele Menschen wünschen sich, einmal im Himmel zu sein. Sie haben sich mancherlei Wege ersonnen, um dorthin zu gelangen, wie alle Religionen und Sekten belegen. Dabei haben sie es sich nicht leicht gemacht. Alle Vorstellungen der Selbsterlösung sind aufwendig. Den Menschen wird Vieles abverlangt und auferlegt.

– Alle eigenen Wege werden von Jesus streng verurteilt. Der Ruf jener Leute „Herr, tu uns auf!" bleibt nicht nur unerhört, vielmehr wird er mit einer strikten Abweisung beantwortet: „Ich kenne euch nicht; wo seid ihr her? Weicht alle von mir, ihr Übeltäter!" Sie gelangen an den Ort der Verlorenheit, wo Heulen und Zähneklappen sein wird.

– Andererseits wird es viele Menschen geben, die das Reich Gottes erreicht haben. Die Bewohner des Himmels kommen einmal aus allen Himmelsrichtungen, ja aus allen Nationen und Stämmen und Völkern und Sprachen (Offb 7,9).

– Wie aber erreicht man den Himmel? Es ist die wichtigste Frage, die wir in diesem Leben zu klären haben. Dagegen sind alle anderen Fragen und Probleme klein und unbedeutend. Jesus spricht hier herausfordernd, ermahnend und rufend „Ringet darum!" – und damit sagt er, dass diese wichtige Sache in dieser Zeit zu klären ist und unser Zutun erfordert; keinesfalls aber jenseits der Todeslinie, denn dann sind alle Würfel endgültig gefallen: „Es ist den Menschen gesetzt, einmal zu sterben, danach aber das Gericht" (Hebr 9,27).

Woran hat Gott nun den Eingang zum Himmelreich geknüpft? Auf dem Berg der Verklärung sprach Gott aus der Wolke: „Dies ist mein lieber Sohn, an welchem ich Wohlgefallen habe, auf den sollt ihr hören" (Mt 17,5). Den Herrn Jesus hat Gott für den Glauben und für die Rettung hingestellt (Röm 3,24-25). So ist das ewige Leben einzig und allein mit der Person Jesu verknüpft: „Wer an den Sohn (Gottes) glaubt, der hat das ewige Leben. Wer dem Sohn (Gottes) nicht glaubt, der wird das Leben nicht sehen, sondern der Zorn Gottes bleibt über ihm" (Joh 3,36). So konnte Jesus unmissverständlich sagen: „Ich bin die Tür; wenn jemand durch mich eingeht, der wird gerettet werden" (Joh 10,9). Er ist der einzige Weg zum Himmel, zum Vaterhaus: „Ich bin der Weg … niemand kommt zum Vater denn durch mich" (Joh 14,6).

Wenn Gott so eindeutig und so absolut den Himmel an die Person Jesu gebunden hat, dann sind für uns folgende Fragen von höchster Dringlichkeit: Wie kommen wir auf den Weg Jesu, wie gehen wir durch diese Tür ein, wie buchen wir den Himmel für uns ganz persönlich? Antwort: Durch eine Bekehrung zu Jesus Christus! Er selbst sagte: „Wenn ihr euch nicht bekehrt, werdet ihr alle auch so umkommen" (Lk 13,3). In Matthäus 18,3 spricht er ebenso klar davon: „Wahrlich, ich sage euch: wenn ihr nicht umkehrt und werdet wie die Kinder, so werdet ihr nicht ins Himmelreich kommen." Die Bekehrung ist also die unbedingt notwendige Voraussetzung für die Rettung, darum soll dieser Vorgang in mehreren Stufen (S1 bis S7) detailliert geschildert werden. Sie sind eingeladen, anhand der folgenden Beschreibung diesen Schritt selbst zu tun.

S1: Sich selbst erkennen: Lesen Sie im Neuen Testament Römer 3,22-23: „Denn es ist hier kein Unterschied: sie sind allzumal Sünder und mangeln des Ruhmes, den sie bei Gott haben sollten." Dieses Wort zeigt uns unsere generelle Verlorenheit vor dem lebendigen Gott. Dadurch, dass wir alle die Gebote Gottes verletzt haben (s. die Zehn Gebote in 2. Mose 20,1-17; die Bergpredigt in Matthäus 5 bis 7) sind wir Sünder vor dem heiligen Gott. Die Sünde trennt uns von ihm und so haben wir nichts, was uns angenehm vor Gott erscheinen lässt. Wir haben keinen Ruhm vor Gott. Seit dem Sündenfall besteht eine Kluft zwischen dem heiligen Gott und uns sündigen Menschen. Wir haben keinen Zugang zu ihm, denn er „wohnt in einem Licht, da niemand zukommen kann" (1 Tim 6,16). Können Sie dieser Diagnose Gottes zustimmen?

S2: Der einzige Ausweg: Aus diesem Dilemma gibt es **nur den einen** von Gott selbst geschenkten Ausweg. Am Kreuz wurde der Sohn Gottes für unsere Sünde gerichtet. Jesus ist in die Welt gekommen, um Sünder selig zu machen (Mt 18,11). Außer ihm gibt es keinen anderen Weg des Heils (Apg 4,12). Können Sie das glauben?

S3: Sünden bekennen: Wir lesen in 1. Johannes 1,8-9: „Wenn wir sagen, wir haben keine Sünde, so verführen wir uns selbst, und die Wahrheit ist nicht in uns. Wenn wir aber unsere Sünden bekennen, so ist er treu und gerecht,

dass er uns die Sünden vergibt und reinigt uns von aller
Untugend." Jesus hat aufgrund seines Erlösungswerkes
auf Golgatha die Vollmacht, Sünde zu vergeben. Wenn
wir uns auf seine Zusage berufen und ihm unsere Schuld
bekennen und um Vergebung bitten, so ist er treu, d. h.
wir können uns darauf verlassen, dass er uns wirklich von
der Sündenschuld befreit. Wir müssen es nicht nur bedenken, sondern auch **tun**! Möchten Sie das? So sagen
Sie es jetzt dem Herrn Jesus in einem Gebet (möglicher
Inhalt des frei formulierten Gebetes):

> „Herr Jesus, ich habe heute von Dir gehört und ich
> habe verstanden, warum Du in diese Welt gekommen
> bist. In Deiner grundlosen Liebe hast Du auch mich
> erfasst. Du siehst **alle** meine Schuld von Jugend an –
> was mir im Augenblick gegenwärtig ist und auch, was
> mir jetzt verborgen ist, was ich längst vergessen habe.
> Du aber weißt alles, jedes schuldhafte Verhalten, jede
> falsche Regung meines Herzens, alles ist bei Dir auf-
> gezeichnet. Ich bin vor Dir wie ein aufgeschlagenes
> Buch. Mit meinem Leben kann ich so vor Dir nicht
> bestehen. So bitte ich Dich jetzt: Vergib mir alle meine
> Schuld und reinige mich gründlich. Amen."

Sie haben dem Herrn jetzt das gesagt, was am Anfang
jeder Bekehrung Not tut, nämlich die Bitte um Vergebung (1 Joh 1,8-9). Was meinen Sie wohl, wie viel Schuld
Ihnen jetzt vergeben ist? 80%? 50%? 10%? Hier steht:
„Er reinigt uns von **aller** Untugend" (1 Joh 1,9). Ihnen ist
alles vergeben! Ja, alles: 100%ig! Das dürfen Sie wissen –
also nicht nur annehmen, für möglich halten oder erhof-
fen. Die Bibel legt Wert darauf, dass wir hierin eine feste
Gewissheit haben. Wir lesen dazu zwei grundlegende Stellen, die uns gewiss machen: 1. Petrus 1,18-19: „Wisset,

dass ihr nicht mit vergänglichem Silber oder Gold erlöst seid ..., sondern mit dem teuren Blut Christi." Die andere Stelle steht in 1. Johannes 5,13: „Solches habe ich euch geschrieben, die ihr glaubet an den Namen des Sohnes Gottes, auf dass ihr wisset, dass ihr das ewige Leben habt." Viele Leute sind der Meinung, dass wir hier auf Erden nicht wissen können, ob wir einmal in den Himmel kommen. Diese Auffassung ist grundfalsch; denn die gerade betrachteten Belegstellen sprechen eine deutliche Sprache.

S4: Lebensübergabe: Der Herr Jesus hat Ihnen alle Schuld vergeben. Nun können Sie ihm Ihr Leben anvertrauen. In Johannes 1,12 lesen wir dazu: „Wie viele ihn aber aufnahmen, denen gab er Macht, Gottes Kinder zu werden, die an seinen Namen glauben." Alle diejenigen, die den Herrn Jesus einladen, die Führung ihres Lebens zu übernehmen, erhalten die Vollmacht zur Kindschaft Gottes. Ein Kind Gottes werden wir also nicht, weil wir hier und da etwas Gutes getan haben oder weil wir so fromm sind oder weil wir zu irgendeiner Kirche gehören, sondern weil wir dem Sohn Gottes unser Leben anvertrauen und bereit sind, ihm im Gehorsam zu folgen. Die Reichweite dieses Schrittes darf auf keinen Fall missverstanden werden. Es geht darum, dass der Herr Jesus unser Herr und unser König wird. Ein Vergleichsbild kann dies veranschaulichen: Jesus muss der Kapitän auf unserem Lebensschiff werden. Der Kapitän kennt sich in den Gewässern aus und weiß, wo es gefährliche Klippen gibt, die es zu umschiffen gilt. Er hat darum die Befehlsgewalt auf dem Schiff, er kennt das Ziel, und sein Kommando gilt allen. Würden wir Jesus nur zum Matrosen unseres Schiffes machen, dann würde es uns gar nichts helfen. Wir wären dann weiterhin selbst Kapitän; wir kennen nicht die Ge-

fahren und würden mit unserem Leben Schiffbruch erlei-
den und das Ziel nicht erreichen. Leider fahren die meisten Menschen ihr Lebensschiff ohne den Kapitän Jesus
und sie gehen darum ewig verloren. In der Bekehrung wird
Jesus zum Herrn und Kapitän gemacht. Fortan höre ich
auf sein Kommando, das wir bei der täglichen Bibellese
mehr und mehr kennen lernen. Nun wollen wir dies im
Gebet festmachen:

> „Herr Jesus, Du hast mir alle meine Schuld vergeben.
> Ich kann es noch gar nicht fassen, aber ich vertraue
> Deiner Zusage. Und nun bitte ich Dich, ziehe Du in
> mein Leben ein. Führe mich und leite mich auf dem
> Weg, den Du mir zeigst. Ich weiß, dass Du es gut mit
> mir meinst, darum will ich Dir alle Bereiche meines
> Seins anvertrauen. Hilf mir dabei, all das abzulegen,
> was nicht Recht vor Dir ist. Schenke mir neue Gewohn-
> heiten, die unter Deinem Segen stehen. Und gib mir
> ein gehorsames Herz, dass ich das tue, was mir Dein
> Wort sagt. Lass mich nicht auf mancherlei Einflüsse
> und allerlei Menschenmeinung achten, sondern öffne
> Du mir den Zugang zur Bibel, dass ich Dein Wort recht
> verstehe und danach lebe. Ich mache Dich heute zum
> Kapitän meines Lebensschiffes. Du sollst nun immer
> mein Herr sein, und ich möchte Dir nachfolgen. Amen.“

S5: Angenommen: Der Herr hat Sie angenommen, denn
er hat versprochen: „Wer zu mir kommt, den will ich nicht
hinausstoßen“ (Joh 6,37). Er hat für Sie am Kreuz einen
teuren Preis bezahlt (1 Petr 1,18-19), er hat Sie errettet.
Sie sind nun Gottes Kind geworden. Wer Kind ist, ist auch
Erbe: Erbe Gottes, Erbe der himmlischen Welt. Können
Sie sich vorstellen, was jetzt im Himmel los ist? … Sie
ahnen es vielleicht – Freude! Ja, gewiss! In Lukas 15,10

sagt es Jesus selbst: „Also auch sage ich euch, wird Freude sein vor den Engeln Gottes über einen Sünder, der Buße tut." Über Ihre Umkehr ist jetzt Freude im Himmel. Der ganze Himmel hat Anteil an diesem Ereignis: *Einer* nimmt die Botschaft des Evangeliums ernst und lässt sie für sich gelten. Die Bibel nennt diesen Vorgang unserer eigenen Hinwendung zu Jesus **Bekehrung**; dabei geben wir die Schuld ab, und er nimmt sie an. Gleichzeitig geschieht von Gott aus die **Wiedergeburt** an uns: Er gibt das neue Leben der Kindschaft, und wir nehmen es in Empfang. Bekehrung und Wiedergeburt gehören also zusammen. Es sind die beiden Seiten ein- und derselben Medaille.

S6: Dank: Die Erlösung ist ein Geschenk Gottes an uns. Nur durch seine Liebe ist uns der Weg der Errettung ermöglicht worden. Wir können zu dem Erlösungswerk nichts beitragen. Wer etwas geschenkt bekommt, der sagt „Danke!" Das wollen wir jetzt auch tun. Formulieren Sie nun in eigenen Worten ein Gebet des Dankes. Sagen Sie es jetzt Gott, der nun Ihr himmlischer Vater geworden ist und dem Herrn Jesus, Ihrem Retter:

> „Lieber Vater im Himmel, Du bist jetzt auch mein Vater geworden, und ich darf Dein Kind sein. Durch Deinen Sohn, den Herrn Jesus, hast Du mich von aller Schuld befreit und nun habe ich Zugang zu Dir. Herr Jesus, ich danke Dir, dass Du auch mich errettet hast und mir das ewige Leben geschenkt hast. Amen."

S7: Wie geht es weiter? Die Bibel vergleicht Ihren jetzigen Zustand mit dem eines neugeborenen Kindes. So wie ein Neugeborenes nun ganz eindeutig zur Familie gehört, gehören auch Sie nun zur Familie Gottes. Neugeborene leben in einer kritischen Lebensphase, in der es das Phänomen der Säuglingssterblichkeit gibt. Auch im Bereich des Glaubens ist das möglich. Die Geburt (Bekehrung) ist gut verlaufen. Echtes, neues Leben ist da. Nun sind Nahrung (Milch) und gute Pflege unbedingt erforderlich. Natürlich hat auch hier Gott vorgesorgt und alles getan, dass Sie eine gute Entwicklung nehmen können. Säuglingssterblichkeit vermeiden wir, wenn wir die Ratschläge Gottes befolgen. Es sind fünf wichtige Punkte, die sämtlich mit dem Buchstaben „G" beginnen. Diese **fünf G** sind für ein Leben in der Nachfolge Jesu nicht nur sehr wichtig; sie sind die **unabdingbaren Voraussetzungen** dafür, dass wir praktisch mit Christus leben. Wenn wir die **fünf G** befolgen, haben wir die Garantieerklärung Gottes, dass wir das Ziel auch wirklich erreichen:

1. Gottes Wort

Aufgrund des Wortes der Bibel haben Sie Ihre Entscheidung getroffen. Die Bibel ist das einzige von Gott autorisierte Buch. Kein anderes ist diesem gleich hinsichtlich Autorität, Wahrheit, Informationsfülle und Herkunft. Für das neue Leben ist das Lesen dieses Wortes die unbedingt notwendige Nahrung. In 1. Petrus 2,2 kommt dieser Aspekt deutlich zum Ausdruck: „Seid begierig nach der vernünftigen lauteren Milch wie die neugeborenen Kindlein!" Das Wort der Bibel ist diese Milch. Fangen Sie an, täglich in der Bibel zu lesen, um sich über den Willen Gottes zu informieren. Am besten, Sie beginnen mit einem der Evangelien (z. B. Johannes-Evangelium oder Lukas-Evangelium). Machen Sie es sich zur lieben und täglichen Gewohnheit, die Bibel zu lesen. Das Frühstücken und Zähneputzen vergessen Sie an keinem Tag. Seien Sie auch hier ebenso konsequent und ergänzen Ihren Tagesrhythmus um einen wichtigen Punkt.

2. Gebet

Sprechen Sie täglich zu Ihrem Herrn. Durch sein Wort redet er *zu uns*, er möchte auch, dass wir *mit ihm* reden. Das tun wir im Gebet. Es ist ein großes Vorrecht, dass wir ihm alles sagen können. Das Gebet kennt nach der Bibel nur zwei Adressen: Gott, der jetzt Ihr Vater ist, und der Herr Jesus, der Ihr Retter, Ihr guter Hirte, Ihr Freund, ja, der Ihnen alles ist. Andere Gebetsadressen kennt die Bibel nicht. Wenn andere Menschen ihre Gebete auch an andere Empfänger richten mögen, tun Sie es nicht (mehr). Durch das Gebet werden Sie viel Kraft gewinnen und es wird Sie positiv verändern. Sie können alle Dinge des Alltags – Sorgen und Freuden, Pläne und Vorhaben – zum Gebet machen. Danken Sie dem Herrn für alles, wovon Sie bewegt sind. Treten Sie auch in der Fürbitte für die Nöte anderer Menschen ein und erbitten Sie, dass auch Menschen in Ihrem Umfeld zum lebendigen Glauben kommen. Durch Bibellesen und Gebet entsteht ein „geistlicher Kreislauf", der für ein gesundes Glaubensleben äußerst wichtig ist.

3. Gehorsam

Beim Lesen der Bibel werden Sie viele hilfreiche Anweisungen für alle Bereiche des Lebens und auch für den Umgang mit Gott finden. Setzen Sie all das, was Sie verstanden haben, in die Tat um, und Sie werden einen großen Segen erfahren. Gott hat Gefallen daran, wenn wir uns als gehorsame Kinder erweisen, die nach seinem Wort leben und seine Gebote halten. Die Liebe zu unserem Herrn können wir nicht besser bezeugen, als dass wir ihm gehorsam sind: „Denn das ist die Liebe zu Gott, dass wir seine Gebote halten" (1 Joh 5,3). Gibt es in manchen Fällen unterschiedliche Möglichkeiten für eine Handlung, dann finden wir in der Bibel einen verbindlichen Maßstab, auf dem der Segen Gottes liegt. Machen Sie es sich zur Richtschnur Ihres Verhaltens: „Man muss Gott mehr gehorchen als den Menschen" (Apg 5,29).

4. Gemeinschaft

Wir Menschen sind von unserem Schöpfer auf Gemeinschaft hin angelegt. Suchen und pflegen Sie den Kontakt zu anderen bewussten Christen, die auch um eine Bekehrung wissen. Nur mit solchen können Sie zusammen beten und sich im Glauben austauschen. Wenn man eine glühende Kohle aus dem Feuer nimmt, erlischt sie sehr schnell. Auch unsere Liebe zu Jesus wird erkalten, wenn sie nicht durch die Gemeinschaft mit anderen Gläubigen brennend gehalten wird. Schließen Sie sich darum einer bibeltreuen Gemeinde an und arbeiten Sie dort mit. Eine gute, lebendige Gemeinde ist dort, wo man der ganzen Bibel glaubt. Ein solcher Platz ist eine unabdingbare Voraussetzung für unseren Glaubensweg. Beachten Sie dieses vierte G ganz besonders.

5. Glaube

Nachdem wir durch Bekehrung und Wiedergeburt im Glauben begonnen haben, kommt es darauf an, dass wir im Glauben wachsen und nicht mehr davon ablassen. Paulus schreibt an Timotheus: „Du aber bleibe in dem, was du gelernt hast" (2 Tim 3,14). Am Ende seines Lebens konnte Paulus feststellen: „Ich habe den guten Kampf gekämpft, ich habe den Lauf vollendet, ich habe den Glauben gehalten" (2 Tim 4,7). So wollen wir diesem Vorbild folgen und ebenso treu bleiben.

Die Bekehrung ist also kein Endpunkt, sondern der Startpunkt des neuen Lebens. Jetzt dürfen auch Sie Mitarbeiter Gottes sein (1 Kor 3,9). Helfen Sie nun mit, dass auch andere Menschen die Errettung durch Jesus erfahren. Bekehrung bewirkt ein Doppeltes: Dieses irdische Leben erhält eine neue, sinnhafte Mitte, und gleichzeitig bekommen wir das Geschenk der Gotteskindschaft, das uns zu Erben des ewigen Lebens macht.

Teil III

Was ist Ewigkeit?

Wenn wir das Fließband der Zeit verlassen, beginnt für uns alle die Ewigkeit. Wir Menschen sind Ewigkeitsgeschöpfe. Unsere Existenz wird niemals ausgelöscht.

Ewigkeit = unendlich verlängerte Zeitachse? Um sich eine Vorstellung von der Länge der Ewigkeit zu machen, wird gelegentlich folgendes Bild verwendet: Man stelle sich das Himalajagebirge als einen riesigen Diamanten vor. Der Diamant ist das härteste in der Natur vorkommende Material. Zu diesem riesigen Diamantberg fliegt nun alle tausend Jahre ein Vogel und wetzt seinen Schnabel an diesem Berg. Wenn der Vogel auf diese Weise das ganze Gebirge abgetragen hat, dann ist eine Sekunde der Ewigkeit vergangen.

Wie anschaulich dieses Bild auch sein mag, so grundlegend falsch ist es. Die Ewigkeit ist keine, auch nicht extrem verlängerte Zeitachse. Dann käme die Ewigkeit einem ins Unendliche verlängerten Fließband gleich. Dann säße auch Gott mit uns auf diesem einengenden Fließband und wäre in gleicher Weise an die Zeit gebunden, wie wir es in diesem Leben sind. Das kann aber nicht sein, denn Gott kann durch nichts gefesselt werden. Somit ist die o. g. Vorstellung grundlegend falsch.

3.1 Verschiedene Vorstellungen der Völker

Über die Ewigkeit haben sich die verschiedenen Völker ihre Gedanken gemacht. Wir wollen hier nur einige Vorstellungen nennen:

a) Die Religion der Ägypter: In der altägyptischen Religion waren die Vorstellungen von einem Jenseits, also ei-

nem ewigen Aufenthaltsort, besonders intensiv ausge-
prägt. Pyramiden, Pharaonengräber, Mumien und hiero-
glyphische Inschriften in Gräbern und Obelisken legen
ein deutliches Zeugnis davon ab.

*Mumifizierung***:** Man glaubte, dass eine Mumifizierung unbedingt erforderlich sei, um in das Jenseits zu gelangen.
Es wurden damals nicht nur Pharaonen und Hofbeamte
mumifiziert, sondern alle gestorbenen Menschen. Dabei
kamen die Eingeweide in einen separaten Krug (Kano-
pe). Das Herz blieb in der leeren Körperhülle, da die Bewertung des gelebten Lebens hiervon abhängig war. Man
hatte die Vorstellung, dass im Jenseits das Herz mit dem
Gewicht einer Feder verglichen werde. Ein reines Herz
war leicht und von Untaten unbeschwert, und so nahm
man an, dass es leichter ist als eine Feder. Wenn das Herz
zu schwer war, wurde es von den „Fressern" gefressen,
und dann war es mit dem Jenseits vorbei.

Wurde an jemandem die Todesstrafe vollzogen, so war
nicht der Tod das Schlimmste für ihn, sondern dass er danach nicht mumifiziert wurde. Ohne Mumifizierung gab
es für ihn keine Ewigkeit. Die Mumifizierer standen darum in hohem Ansehen in der Bevölkerung. Etwa 300
n. Chr. lief die Tradition des Mumifizierens aus.

Grabdarstellungen: Der Ablauf eines ganzen Lebens wurde in Grabmalereien festgehalten. So gibt es Bilder über
Geburten, Saat und Ernte, Jagd, Arbeit, Feste u.v.a. Man
glaubte, im Jenseits werde es nur das geben, was man auf
Erden dargestellt hat. Es gab auch ein Gericht im Jenseits. Die Mumie war zum Ausruhen des Verstorbenen
gedacht. Es gehörte zur Tradition der Malereien, Männer und Frauengesichter nur im Profil darzustellen, die

Schultern hingegen wurden frontal gezeigt. Den Grund für diese unveränderten Prinzipien kennt man nicht. Auch Diener wurden in den Gräbern dargestellt (Hinweis: in Ägypten gab es keine Sklaven, sondern nur Diener. Sie wurden entlohnt und hatten eigenen Besitz.) Ein Diener war froh, wenn er im Grab seines Herrn gemalt wurde. So war auch für sein Jenseits vorgesorgt. In den Grabzeichnungen findet man manchmal 365 Dienstfiguren. Das sollte bedeuten, dass in der Ewigkeit nicht an jedem Tag gearbeitet wird; vielmehr ist rund ums Jahr täglich nur ein einziger von den 365 Dienern mit der Arbeit dran.

b) Die ewigen Jagdgründe der Indianer: Die Lebensqualität der nordamerikanischen Indianer war in erster Linie vom Erfolg der Jagd bestimmt. Die erlegten Tiere lieferten das Fleisch für die Nahrung und die Felle für die Kleidung. Bewohnte man ein Gebiet mit großem Tierbestand, so war für den Lebensunterhalt gesorgt. Daher war es naheliegend, sich die Ewigkeit als eine Gegend auszumalen, wo sich die Jagdgründe nie erschöpfen.

c) Das Nirwana der Buddhisten: Das Heilsziel der Buddhisten ist das Nirwana (sanskr. *nibbana* = Auswehen, Aushauchen, Erlöschen). Damit sind zwei Aspekte gemeint: 1. Das Erlöschen dieses irdischen Daseins und damit das Aufhören jenes Kausalgesetzes, das zu immer wieder neuen Geburten auf dieser Erde führt. 2. Der Eintritt in einen Zustand vollkommener Ruhe, in einen absoluten, unpersönlichen Zustand. Das Nirwana meint die völlige Auslöschung und das Aufhören der physischen Existenz. Ein Missionar fragte einmal eine strenge thailändische Buddhistin: „Können Sie mir einen Menschen nennen, von dem Sie gewiss sagen können, dass er nach seinem Tode ins Nirwana (also das höchste Ziel eines

Buddhisten) kommt?" Sie gab zur Antwort: „Etwa alle
tausend Jahre wird ein Mensch geboren, der durch viele
Wiedergeburten seine Begierden abgelegt hat und so viele
gute Werke angesammelt hat, dass er die Stufe eines 'Er-
leuchteten' erreicht hat. Wenn der stirbt, der kommt ins
Nirwana." Daran wird deutlich, wie winzig die Chance
eines Buddhisten ist, einmal das von ihm erstrebte Ziel
zu erreichen. Wie dankbar dürfen wir sein, dass die Bibel
uns eine andere Gewissheit schenkt! Jeder, der Jesus als
Herrn hat, darf gewiss sein, dass der Tod der Eingang
zum ewigen Lebens ist: „Wer mein Wort hört und glaubet dem, der mich gesandt hat, der hat das ewige Leben"
(Joh 5,24).

d) Das Paradies der Muslime: Nach islamischer Vorstellung werden die gläubigen Muslime nach dem Tod ins Paradies eingehen. Dies ist ein Bereich, in dem Bäche von
Wasser, Milch, Wein und Honig fließen; es ist ein Ort sinn-
licher Genüsse, an dem die Muslime mit schönen Para-
diesjungfrauen von unvergänglichen Reizen vermählt werden. Wie man leicht erkennt, werden hier Wunschvorstellungen aus diesem Leben ins Jenseits projiziert.

3.2 Die Ahnung der Ewigkeit

In Prediger 3,11 lesen wir eine bemerkenswerte Aussage:
„Alles hat er gar schön gemacht zu seiner Zeit; auch die
Ewigkeit hat er ihnen ins Herz gelegt." Der Schöpfer hat
uns allen die Ahnung der Ewigkeit ins Herz gelegt. Daher
schreiben auch die Dichter, die nicht vom biblischen Glauben herkommen, von einer in ihnen wohnenden Ahnung
und Sehnsucht nach der Ewigkeit. Der Heidedichter *Hermann Löns* (1866–1914) fasste sie in folgende Worte:

„Ich weiß ein Land, in dem ich niemals war;
Da fließt ein Wasser, das ist silberklar,
Da blühen Blumen, deren Duft ist rein,
Und ihre Farben sind so zart und fein ...
Auch singt ein Vogel in dem fernen Land,
Er singt ein Lied, das ist mir unbekannt;
Ich hört' es nie und weiß doch, wie es klingt,
Und weiß es auch, was mir der Vogel singt;
Das Leben singt er, und er singt den Tod,
Die höchste Wonne und die tiefste Not,
Jedwede Lust der Zeit, das Weh der Ewigkeit ...
Erreiche ich das ferne, fremde Land,
Dann blüht das Lebensmal in meiner Hand;
Wenn nicht, dann sang der Vogel nur von Tod,
Sang mir ein Leben, bitter und voll Not."

In den verschiedenen Religionen und Dichtungen wird zwar die Sehnsucht nach dem Ewigen zum Ausdruck gebracht, aber kein Mensch kann uns die Realität jenseits der Todesmauer schildern. Das bleibt allein dem lebendigen Gott der Bibel und seinem Sohn Jesus Christus vorbehalten. Nur Jesus konnte sagen: „Ich bin die Wahrheit" (Joh 14,6), darum wollen wir nun ihn hören, um Gewisses über die Ewigkeit zu erfahren.

3.3 Die Ewigkeit nach der Bibel

Nach einem Vortrag in Mainz kam eine Studentin zum
Gespräch. Engagiert und zielbewusst sagte sie: „Sie haben heute über Zeit und Ewigkeit gesprochen. Aber sagen Sie mir, was ist die Ewigkeit ganz konkret?" Ich war
ganz verwundert, von einer so jungen und gut aussehen-
den Frau diese Frage gestellt zu bekommen. War sie nicht
voller Lebensfreude und Lebenswillen, dass sie die Frage
eigentlich weit hinausschieben sollte – so wie es viele unserer Zeitgenossen tun? So fragte ich zurück: „Es inte-
ressiert mich, warum Sie gerade diese Frage so brennend
beantwortet haben wollen." – „Ich habe einen angebore-
nen Herzfehler, was aber erst vor kurzem festgestellt wurde. Nach dem jetzigen Stand der Dinge geben mir die
Ärzte nur noch einige Jahre. So **muss** ich einfach wissen,
wie die Ewigkeit ist, und das ganz konkret."

Hier spürte ich sofort, es ging weder um eine theoreti-
sche oder spitzfindige theologische Frage, sondern um
eine sehr existenzielle. Zutiefst bewegt hat mich die Klar-
heit und Entschiedenheit, mit der sie eine Antwort auf
diese grundlegende Frage suchte. Bevor ich zu antworten
begann, machte sie mir sogleich klar, welche Antwort sie
nicht hören wollte. Sie erklärte mir mit entschiedenen
Worten:

„Wie **Hölle** ist, kann ich mir vorstellen. Ich habe *Sartre* gelesen und er hat das in einem Stück anschaulich beschrieben: Da sind Menschen in einem Zimmer eingesperrt, die
sich nicht verstehen. Sie können das Zimmer aber nicht
verlassen. Nie. Das ist die Hölle. Das kann ich mir vorstellen. Wie aber ist der **Himmel**? – Das will ich jetzt von Ihnen wissen." Sie führte weiter aus: „Sagen Sie jetzt aber

bitte nicht 'Halleluja-Singen' oder 'Gott loben'. Eine Ewigkeit lang zu singen, kann ich mir überhaupt nicht vorstellen! Es ist auch nicht meine Sehnsucht, eine ganze Ewigkeit Gott zu loben. Dennoch: Die Ewigkeit ist unser Ziel im Leben, darauf muss ich mich doch freuen können!"

Ich versuchte in meiner Antwort, den Himmel als einen Ort der Freude und der Liebe zu beschreiben. Sie unterbrach mich aber sofort: „Das ist mir nicht konkret genug. Wie kann ich überhaupt Freude fühlen an einem Ort, an dem es nur Freude gibt? Freude kann man doch nur als solche empfinden, wenn man auch den Kontrast dazu, die Traurigkeit oder den Ärger, kennt." So hat diese Frau mich herausgefordert, intensiver auf die Frage einzugehen und an Hand der Bibel sehr konkret zu antworten. Dieses Gespräch ist mir unvergesslich geblieben, denn es hat bezüglich des Zielpunktes meiner Vorträge eine deutliche Akzentverschiebung zur Thematik des Himmels bewirkt. Was wäre es für ein Segen, wenn viel mehr Menschen so konkret nach der Ewigkeit fragen würden!

Zum Schluss sagte sie: „Warum wird eigentlich so wenig über die Ewigkeit gepredigt und so wenig darüber geschrieben? Warum befassen sich die meisten Predigten nur mit diesseitigen Aspekten? Den Hörern wird ja das Beste vorenthalten." Darin hat sie Recht und so ist die ausführliche Behandlung der Frage in diesem Buch nach der Ewigkeit eine Frucht aus jener Begegnung in Mainz.

Die junge Frau hat beides angesprochen:

den Himmel & die Hölle

Mit beiden Orten wollen wir uns nun beschäftigen. Über

beide Themen hat Jesus eindrücklich und immer wieder
gepredigt.

3.3.1 Wie ist das mit der Hölle?

Während des Vietnamkrieges kommt ein Pastor zu einem
sterbenden Soldaten. Der Soldat weiß, dass er in wenigen
Minuten sterben muss; dann ist er in der Ewigkeit. Ihn
brennt nur noch eine Frage auf der Seele: „Herr Pastor,
gibt es eine Hölle?"

Die Antwort des Pastors lautet: NEIN! Darauf weist der
Soldat ihn zurecht:

– **Wenn es keine Hölle gibt**, dann brauchen wir Sie hier
  überhaupt nicht. Dann gehen Sie nach Hause!

– **Wenn es aber doch eine Hölle gibt**, dann haben Sie un-
  zählige Menschen verführt. Sie leiten auch uns hier in
  die Irre.

Jesus hat sehr eindrücklich über den Ort Hölle gepredigt.
Niemals, um Angst zu machen, aber immer, um zu warnen und um uns an den anderen, ebenso realen Ort einzuladen, nämlich den Himmel.

In der Bergpredigt warnt Jesus mit nicht zu überbieten-
der Eindringlichkeit, ja in geradezu radikaler Form:
„Wenn dir aber dein rechtes Auge Ärgernis schafft, so
reiß es aus und wirf's von dir. Es ist dir besser, dass eins
deiner Glieder verderbe und nicht der ganze Leib in die
Hölle geworfen werde. Wenn dir deine rechte Hand Ärgernis schafft, so haue sie ab und wirf sie von dir. Es ist

dir besser, dass eins deiner Glieder verderbe und nicht der ganze Leib in die Hölle fahre" (Mt 5,29-30).

Nehmen wir noch eine weitere Stelle aus dem Matthäusevangelium hinzu: „Fürchtet euch nicht vor denen, die den Leib töten und die Seele nicht töten können; fürchtet euch aber vielmehr vor dem, der Leib und Seele verderben kann in der Hölle" (Mt 10,28). Wer ist es, der hier in die Hölle schickt? Es ist auf keinen Fall der Teufel, wie man voreilig meinen könnte, denn er ist der Verurteilte und wird selber gerichtet (Offb 12,10; Offb 20,10). Das letzte Gericht führt der Richter und dazu hat Gott den Herrn Jesus eingesetzt. Das lesen wir in Matthäus 25,41: „Dann wird er [= Jesus] auch sagen zu denen zur Linken: Gehet hin in das ewige Feuer, das bereitet ist dem Teufel und seinen Engeln!"

An wen sind die Warnungen vor der Hölle gerichtet? Wer ist der Adressatenkreis? Ich hatte immer den Eindruck, sie gelten den Ungläubigen, den Außenstehenden, den Räubern und Verbrechern. Jesus richtet aber die warnenden Worte vor der Hölle in fast allen Fällen an die Gläubigen. Selten nur wendet er sich an die Pharisäer. Wegen ihrer Selbstgerechtigkeit verfährt er mit ihnen härter. Dieser Personenkreis erhält keine Warnung mehr, ihnen wird die Hölle als Gewissheit verkündigt: „Weh euch, Schriftgelehrte und Pharisäer, ihr Heuchler, die ihr das Himmelreich zuschließt vor den Menschen! Ihr gehet nicht hinein, und die hinein wollen, lasset ihr nicht hineingehen" (Mt 23,13).

Der britische Autor *David Pawson* hat einmal eine Liste jener Taten zusammengestellt, die nach der Bibel zur Hölle führen. Dieser Lasterkatalog ist 120 Punkte lang und benennt folgende Personenkreise:

- die Ehebrecher
- die Homosexuellen
- die Ausschweifenden
- die Lügner
- die Geizigen
- die Stolzen
- die Astrologie betreibenden
- die Feigen
- die Faulen
- ...

Im Gleichnis von den **anvertrauten Zentnern** sagt der, der den einen Zentner empfangen hatte (Mt 25,24-25): „Herr, ich wusste, dass du ein harter Mann bist: du erntest, wo du nicht gesät hast, und du sammelst ein, wo du nicht ausgestreut hast; und ich fürchtete mich, ging hin und verbarg deinen Zentner in der Erde. Siehe, da hast du das Deine." Sein Herr aber antwortete und sprach zu dem Faulen: „Du böser und fauler Knecht! Wusstest du, dass ich schneide, wo ich nicht gesät habe, und sammle, wo ich nicht ausgestreut habe" (Mt 25,26). Der Text endet mit dem Urteil der Verwerfung: „Und den unnützen Knecht werft in die Finsternis hinaus, da wird sein Heulen und Zähneklappen" (Mt 25,30). Diesen Ort der Finsternis bezeichnet die Bibel als Hölle. Dieser Knecht ist weder ein Atheist noch ein im bürgerlichen Sinne böser Mensch. Er ist sogar einer, der Jesus kennt. Er redet ihn darum mit „Herr" an, aber er geht dennoch verloren. Und warum? Aus Faulheit!

In der Bergpredigt gibt der Herr Jesus eine sehr ernsthafte Mahnung an diejenigen, die zwar seinen Namen stets auf den Lippen tragen, aber die Herrlichkeit Gottes ebenso nicht erleben werden: „Es werden nicht alle, die zu mir sagen: Herr, Herr!, in das Himmelreich kommen, sondern die den Willen tun meines Vaters im Himmel" (Mt 7,21). Auch im Gleichnis von den zehn Jungfrauen handelt es sich durchweg um Gläubige. Aber fünf von ihnen müssen feststellen: „… und die Tür ward verschlossen" (Mt 25,10). Warum das? Bezüglich ihres Lebens hielten sie es mehr mit dem Trend der Zeit als mit den Geboten Gottes und Jesus Christus war nicht mehr die Mitte ihres Lebens. So hören sie aus dem Munde Jesu das völlig unerwartete Wort: „Ich kenne euch nicht" (Mt 25,12).

Am 3. Juni 1998 gab es in dem kleinen norddeutschen Ort Eschede bei Celle das wohl größte Eisenbahnunglück in Deutschland mit dem Hochgeschwindigkeitszug ICE. Verursacht durch den Bruch eines Radkranzes entgleiste der Zug und prallte gegen eine Betonbrücke. Hundert Menschen fanden dabei den Tod. Am 21. Juni fand in Celle eine Trauerfeier unter Beisein des Bundespräsidenten, des Bundeskanzlers und der Angehörigen der Opfer statt. Natürlich ist es die Aufgabe der Predigt, die Trauernden zu trösten und ihnen beizustehen. Dies darf aber nicht mit falscher Predigt geschehen. Sowohl von katholischer als auch von evangelischer Seite wurden in den Predigten alle Unfalltoten in den Himmel gepredigt. Wie viele der Toten den Herrn Jesus wirklich kannten, wissen wir nicht. Aber sicherlich war es ein Prozentsatz, der vergleichbar ist mit jenen Menschen, wie wir sie in unserer Nachbarschaft oder an unserem Arbeitsplatz antreffen. Leider sind es immer nur wenige, die bewusst den Herrn Jesus angenommen haben. Nach dem Zeugnis der Bibel werden wir auch nur diese im Himmel antreffen (Joh 3,3).

In einer ähnlichen Unfallsituation zur Zeit Jesu bezieht er Stellung hinsichtlich der Leute, auf die der Turm zu Siloah fiel (Luk 13,4). Die Antwort Jesu ist bemerkenswert: „Wenn ihr nicht Buße tut, werdet ihr alle auch umkommen" (Luk 13,5). Er nutzt das Ereignis, nicht um die Toten selig zu sprechen, sondern um die Lebenden zu evangelisieren.

Ein Evangelist schreibt: „Früher hatte man Angst vor der Hölle – heute davor, über sie zu sprechen." Von einem Retter kann nur gesprochen werden, wo eine Gefahr ist. Weil es eine Hölle gibt, darum brauchen wir einen Retter. Dieser eine Retter ist der Herr Jesus: „Denn Gott hat seinen Sohn gesandt, … dass die Welt durch ihn gerettet werde" (Joh 3,17). Jesus selbst ist die rettende Tür zum Himmel: „Ich bin die Tür; wenn jemand durch mich eingeht, der wird gerettet werden" (Joh 10,9).

3.3.2 Was wissen wir über den Himmel?

Der Dichter *Heinrich Heine* (1797–1856) spottete über den Himmel mit den Worten (in: *Wintermärchen*): „Den Himmel überlassen wir den Engeln und den Spatzen." Hoffentlich hat er seine Meinung noch geändert, sonst bedauert er in Ewigkeit seine selbstverschuldete Ausgrenzung am Ort der Verlorenheit.

In Sprichwörtern und Wendungen taucht der Begriff Himmel immer wieder auf, um verschiedene Situationen des Lebens zu beschreiben.

Geht es um das große Glück, dann heißt es: „Der Himmel hängt voller Geigen."

Oder in einem Schlager wird gesungen: „Ich tanze mit dir in den Himmel hinein."

Auch Eheschließungen werden mit dem Himmel in Verbindung gebracht: „Ehen werden im Himmel geschlossen, aber auf der Erde gelebt."

Wollen wir Begrenzungen beschreiben, dann sagen wir: „Es ist dafür gesorgt, dass die Bäume nicht in den Himmel wachsen."

Geht es darum, den besonderen Wert des persönlichen Willens herauszustellen, dann sagen wir: „Des Menschen Wille ist sein Himmelreich."

Für viele unserer Zeitgenossen beschränkt sich das Wissen über den Himmel auf das, was der Volksmund formuliert hat. Aber ist das alles, was es über den Himmel zu sagen gibt? So wollen wir der Frage nachgehen:

„Was wissen wir über den Himmel?"

Bei näherem Hinsehen wird sich deutlich zeigen, dass die Sprichwörter und Wendungen hier viel zu kurz greifen. Gott hat uns sehr viel Konkretes über den Himmel offenbart. Die Bibel ist die einzige verbindliche Informationsquelle; alles sonst Gesagte über den Himmel ist rein spekulativ und lediglich von Menschen erdacht. Die Bibel spricht oft über dieses größte Ziel, das dem Menschen gegeben ist. So gilt es, unter einziger Verwendung des offenbarten Wortes Gottes und der Anwendung des schlussfolgernden Denkens die zahlreichen Aspekte des Himmels zu beleuchten. Zum Kontrast werden wir immer wieder auf markante irdische Bezüge zurückgreifen.

Gilt für irdische Belange, die uns offenbart sind, dass wir sie im Leben nachprüfen können, so bleibt zur Erfassung

der himmlischen Dinge allein der Glaube. Darum sagte
Jesus: „Glaubt ihr nicht, wenn ich euch von irdischen Dingen sage, wie werdet ihr glauben, wenn ich euch von himmlischen Dingen sage" (Joh 3,12).

Geradezu unfassbar ist, dass dieser ewige und allmächti-
ge Gott mit uns im Himmel Gemeinschaft haben möchte.
So sendet er so lange seine Boten aus, um aus allen Völkern und Nationen einzuladen, bis die volle Zahl erreicht
ist: „Und der Herr sprach zu dem Knechte: Gehe aus auf
die Landstraßen und an die Zäune und nötige sie herein-
zukommen, auf dass mein Haus voll werde" (Lk 14,23).

Damit wir Menschen dieses größte und wichtigste Ziel nicht
verpassen, liefert er uns eine eindeutige und für jeden ver-
ständliche Wegbeschreibung mit. Jesus sagt in Johannes
14,6: „Niemand kommt zum Vater denn durch mich." Im
Himmel hat sich auch dieses Wort erfüllt. Es werden dort
nur solche Menschen anzutreffen sein, die sich durch den
Herrn Jesus haben retten lassen (Joh 3,36; 1 Joh 5,13).

In zehn ausgewählten Punkten wollen wir nun auf das Wesen des Himmels eingehen:

H1: Der Himmel – der Ort vollkommenen Glücks

Der französische Philosoph *Jean Jacques Rousseau* (1712–
1778) trifft nicht den Kern des Glücks, wenn er reduzie-
rend bemerkt: „Glück besteht aus einem hübschen Bank-
konto, einer guten Köchin und einer tadellosen Verdau-
ung." Von *Voltaire* (1694–1778) stammt der Ausspruch:
„Das vollkommene Glück ist unbekannt; für den Men-

schen ist es nicht geschaffen." Auch dieser Philosoph irrt, denn Jesus hat seinen Hauptauftrag gerade darin gesehen, Menschen *selig* zu machen (Mt 18,11). *Selig* (griech. *makarios* bzw. *sos*) zu sein bedeutet mehr als nur zeitlich begrenztes irdisches Glück zu haben; vielmehr ist die ewige Komponente angesprochen. Wer *selig* ist, der ist glücklich zu preisen, der ist zu beglückwünschen, weil er das Heil in Jesus Christus angenommen hat und ihm dadurch die Herrlichkeit des Himmels geschenkt ist. Diese Glückseligkeit beginnt schon hier und wird im Himmel vollendet: „Daher kann er [Jesus] auch auf ewig selig machen, die durch ihn zu Gott kommen" (Hebr 7,25).

Im Himmel – dem Ort ohne Sünde – wird das Glück vollkommen und unvergänglich sein, denn keines der Negativmerkmale dieser Welt wird dort das Leben trüben.

Viele Menschen müssen hier auf Erden unsagbares Leid ertragen. Die Bücherregale dieser Welt sind voll von Abhandlungen über das Leid und die in unzähligen Variationen immer wieder neu gestellte Frage, warum ein allmächtiger und liebender Gott das zulassen kann. (Die Antwort auf diese Frage ist in [G2, S. 18-19] zu finden.)

Von Katastrophen größeren und kleineren Ausmaßes ist die Menschheit seit der Sintflut nicht verschont geblieben. Am 1. November 1755 erschütterte ein Unglück in Portugal die Welt. Ohne irgendeine Vorwarnung legte ein **Erdbeben** Lissabon in Schutt und Asche. 60 000 Menschen starben. Weltbilder gerieten ins Wanken. Betroffen und kritisierend notierte *Goethe* „Gott, der Schöpfer und Erhalter Himmels und der Erden … hatte sich, indem er die Gerechten mit den Ungerechten gleichem Verderben preisgab, keineswegs väterlich erwiesen".

An Schilderungen unsäglichen Leides ist kein Mangel. Die
Magie der hohen Zahlen sticht hier nicht: 6 Millionen, 60
Tausend. Schon ein Mensch, der uns genommen ist, reicht
für die Frage: Wie konnte Gott das zulassen? In der Ewigkeit werden alle Spuren des Leides beseitigt sein. Nichts
wird uns dort noch an Leid, Krieg, Hass und Tod erin-
nern: „Und Gott wird abwischen alle Tränen von ihren
Augen, und der Tod wird nicht mehr sein, noch Leid noch
Geschrei noch Schmerz wird mehr sein; denn das Erste
ist vergangen" (Offb 21,4).

Unser Körper ist dann befreit von aller Krankheit und Hin-
fälligkeit. Er wird nie mehr mit Bazillen, Viren, Infekten,
Herzkrankheiten oder Atembeschwerden zu kämpfen haben. Krankenhäuser und Gefängnisse sind unbekannt. Ärzte, Krankenschwestern, Polizisten, Gefängniswärter und
Leichenbestatter werden nicht mehr gebraucht.

Im Himmel angekommen, sehnt sich niemand mehr zur
Erde zurück. Die Zeit der Lasten und Sorgen ist endgültig vorbei.

Der preußische König *Friedrich der Große* (1712–1786)
nannte sein Potsdamer Schloss *Sanssoussi* (dt. „ohne Sor-
ge"), aber auch er führte ein Leben voller Sorgen. Nur
für den Himmel wäre *Sanssoussi* eine treffende Bezeichnung. Dort gibt es keinen Streit, keinen Krieg, keinen
Hass, keine Untreue, darum gibt es keine Sorgen und auch
keine gebrochenen Herzen.

H2: Der Himmel – ein Ort des Genusses für die Sinnesorgane

Wir Menschen geben hier viel Geld aus, um unseren Augen und Ohren etwas Besonderes zu bieten.

– Horrende Preise werden gezahlt, um z. B. bei der Eröffnungsveranstaltung oder Abschlussfeier der Olympischen Spiele dabei zu sein. In Atlanta (1996) zahlte man über 1000 $ für eine Eintrittskarte und auf dem Schwarzen Markt bot man noch mehr. Warum gab man hierfür so viel Geld aus? Doch nur, um zeitlich begrenzt einen Genuss für Augen und Ohren zu haben.

– Konzerte berühmter Dirigenten werden aufgesucht, um sich einen Ohrenschmaus zu gönnen. Ebenso ist es etwas Besonderes, die Uraufführung eines Theaterstücks zu erleben.

– Für Tennis- bzw. Fußballfreunde ist es ein besonderes Erlebnis, das Endspiel in Wimbledon oder das Finale einer Fußballweltmeisterschaft live erleben zu können.

Alles, was wir hier an Reizvollem, Sehens- und Hörenswertem auch nur aufzählen würden, verblasst im Angesicht des Himmels. Was für die Weisheit Gottes zutrifft, gilt auch für den Himmel: „Was kein Auge gesehen hat und kein Ohr gehört hat und in keines Menschen Herz gekommen ist, was Gott bereitet hat denen, die ihn lieben" (1 Kor 2,9).

Der Himmel ist aber nicht nur ein Ort des Sehens und Hörens, sondern der Wahrnehmung für alle Sinnesorgane. Konsequenterweise wird es im Himmel auch einen

Genuss für den Gaumen geben. Mehr noch: Alles, was unserer Seele wohltut, wird im Himmel reichlich vertreten sein: Liebe, Friede, Freude, Freundlichkeit, Gütigkeit.

H3: Der Himmel – ein Fest ohne Ende

Wie bereiten wir uns auf ein Fest vor? Am 23. März 1998 fand in Los Angeles die alljährliche Oscar-Verleihung statt. Es war ein Gala-Fest der Filmprämierung, zu dem frühere Oscar-Gewinner, Sponsoren und viele Schauspieler geladen waren. Für den Titanic-Film wurden 11 Oscars vergeben. Der bisherige Rekord von „Ben Hur" wurde zwar erreicht, aber nicht übertroffen. Eine Zeitschrift beschrieb den Oscar-Time-Stress wie folgt:

> „Drei Monate vorher: Termin beim Friseur buchen.
> Einen Monat vorher: Schönheitsfarm.
> 10 Tage vorher: Haare schneiden.
> 3 Tage vorher: Selbstbräunung.
> Dann ist Oscar-Tag:
> Früh: Bodytraining, duschen, Haare waschen,
> leichte Kost.
> Mittags: Warten auf den Haar-Stylisten.
> Nachmittags: Der Visagist kommt.
> Punkt 16 Uhr: Die Gäste müssen im Auditorium sein.
> Dann fallen die Türen ins Schloss. Und die Würfel
> sind gefallen: 'And the Oscar goes to …' "

Wie dieses Beispiel zeigt, kann die Vorbereitungszeit zu einem nur wenige Stunden dauernden Fest mit einem erheblichen Aufwand verbunden sein. Das Hauptengagement gilt offenbar der Schönheit. Hier in dieser Welt ist alles dem Verfall preisgegeben und die Schönheit schwindet. Der Aufwand, dies durch künstliche Mittel zu kompensieren und zu retuschieren, steigt in demselben Maße wie das Alter zunimmt. Im Himmel wird das alles nicht mehr nötig sein, denn wir werden alle schön sein. Genauer: Wir werden herrlich sein, denn *herrlich* ist die Steigerungsform von *schön*.

Von Jesus heißt es bereits im Alten Testament: „Der Herr ist König und herrlich geschmückt" (Ps 93,1). Er ist der „Herr der Herrlichkeit" (Jak 2,1). Bei seiner Wiederkunft kommt Jesus in seiner ganzen Macht und sichtbar in seiner Herrlichkeit (Mt 24,30). In Johannes 17,22 betet er zum Vater: „Ich habe ihnen die Herrlichkeit gegeben, die du mir gegeben hast." Im Himmel hat sich auch dies für uns erfüllt. Aufwendungen zur Verbesserung des Aussehens sind hier nicht mehr nötig.

Nun hat Gott ein Problem: Wie kann er uns Menschen die Herrlichkeit und Festlichkeit des Himmels verständlich machen? Jesus tut es mit einem Gleichnis: „Das Himmelreich ist gleich einem König, der seinem Sohn Hochzeit machte" (Mt 22,2). Die Hochzeit ist das schönste Fest auf Erden. Bis in die letzten Details ist alles bestens vorbereitet:

– Liebe Gäste sind eingeladen.
– Das beste Essen und die köstlichsten Getränke werden serviert.
  Freundliche Reden werden gehalten.
– Bei der Unterhaltung werden keine Probleme erörtert.
– Die Braut hat sich geschmückt wie nie zuvor. Sie trägt das kostbarste und schönste Kleid ihres Lebens.
– …
– Alle sind in guter Stimmung.

In diesem uns wohlvertrauten Bild versucht uns Jesus den Himmel als ein außergewöhnlich schönes Festmahl zu erklären. Beim letzten Abendmahl sagte er zu seinen Jüngern: „Ich werde von nun an nicht mehr von diesem Gewächs des Weinstocks trinken bis an den Tag, an dem ich von neuem davon trinken werde mit euch in meines Vaters Reich" (Mt 26,29). Einen so köstlichen wie den himmlischen Wein haben wir in unserem irdischen Leben noch nie gekostet. Im Himmel – dessen bin ich mir sehr sicher – wird auch gegessen; wie anders sollten wir Lukas 12,37 deuten: „Er [= Jesus] wird sich schürzen und wird sie zu Tisch bitten und kommen und ihnen dienen."

Wir dürfen davon ausgehen, es wird ein reichlich gedeckter Tisch sein. Die Begriffe *Erlesenes* und *Köstliches* sind als irdische Begriffe viel zu schwach, um das Himmlische angemessen zu bewerten. Deutlich wird jedoch: Der Himmel trägt festliche Züge.

Aber nun kommt die Überraschung: Der Himmel ist nicht nur einem Hochzeitsfest vergleichbar, sondern es wird eine ganz reale Hochzeit gefeiert. Davon steht in Offenbarung 19,7: „Lasset uns freuen und fröhlich sein und ihm die Ehre geben, denn die Hochzeit des Lammes ist gekommen, und seine Braut hat sich bereitet." Jesus selbst ist der Bräutigam und alle, die sich durch ihn haben retten lassen, sind die Braut.

Die Geladenen dürfen sich glücklich preisen: „Selig sind, die zum Abendmahl des Lammes berufen sind" (Offb 19,9). Im Gleichnis vom Verlorenen Sohn heißt es: „Und sie fingen an, fröhlich zu sein" (Lk 15,24). Im Himmel hört die Fröhlichkeit nicht mehr auf; das Ausmaß dieser Freude können wir hier noch gar nicht einschätzen.

H4: Der Himmel – ein Ort der Schönheit

Bezüglich dieser Schöpfung sagt der Herr Jesus in der Bergpredigt: „Schauet die Lilien auf dem Feld an, wie sie wachsen: sie arbeiten nicht, auch spinnen sie nicht. Ich sage euch, dass auch Salomo in aller seiner Herrlichkeit nicht gekleidet gewesen ist wie eine von ihnen" (Mt 6,28-29). Der Schöpfer schuf in seiner Liebe zur Schönheit, was kein Mensch gestalten kann. Gott ist also der Urheber aller Schönheit.

Nach allem Leid segnete Gott den Hiob: „Und er bekam 7 Söhne und 3 Töchter und nannte die erste Jemina [dt. 'Täubchen'], die zweite Kezia [dt. 'Zimtblüte'] und die dritte Keren-Happuch [dt. 'Salbhörnchen']. Und es gab **keine so schönen Frauen** im ganzen Lande wie die Töchter Hiobs" (Hiob 42,13-15). Die Schönheit der Töchter Hiobs wird besonders herausgestellt. Sie hätten jede Miss-World-Wahl gewonnen.

Von Jesus selbst, der Person des Schöpfers, wird in Psalm 45,3 gesagt: „Du bist der Schönste unter den Menschenkindern, holdselig sind deine Lippen; darum segnet dich Gott ewiglich."

Am Kreuz jedoch ist er der Sünde der Menschen ausgeliefert und dem Tod preisgegeben. Als äußeres Zeichen ist auch seine Schönheit genommen, wie wir in Jesaja 53,2 lesen: „Er hatte *keine Gestalt noch Schöne*; wir sahen ihn, aber da war keine Gestalt, die uns gefallen hätte."

Von Ewigkeit her wird Jesus jedoch als schön und vollkommen bezeichnet. In Jesaja 33,17 heißt es über ihn: „Deine Augen werden den König sehen in seiner Schö-

ne." Das bekannte Lied *Schönster Herr Jesu* bringt diesen
Aspekt in besonderer Weise zum Ausdruck (Lied von
1677, Strophe 2 von *Hoffmann v. Fallersleben*, 1842):

> Schönster Herr Jesu, Herrscher aller Enden,
> Gottes und Marien Sohn,
> dich will ich lieben,
> dich will ich ehren,
> du meiner Seele Freud und Kron!
> Schön sind die Felder,
> schöner sind die Wälder
> in der schönen Frühlingszeit;
> Jesus ist schöner,
> Jesus ist reiner,
> der unser traurig Herz erfreut.
>
> Schön leucht't die Sonne,
> schöner leucht't der Monde
> und die Sternlein allzumal.
> Jesus leucht't schöner,
> Jesus leucht't reiner
> als alle Engel im Himmelssaal.
>
> …
>
> Alle die Schönheit
> Himmels und der Erden
> ist verfasst in dir allein.
> Nichts soll mir werden
> lieber auf Erden
> als du, der schönste Jesus mein.

Wenn schon in dieser Schöpfung Gottes Liebe zur Schönheit an jeder Schneeflocke, an den Lilien, den Orchideen
und zahllosen Blüten anderer Blumen oder dem luxuriö-

sen Gefieder mancher Vögel und an den Flügeln bunter Schmetterlinge in tausenderlei Variationen erkennbar wird, wie viel mehr wird Schönheit ein geradezu kennzeichnendes Attribut des Himmels sein!

Viele Menschen trachten hier nach Schönheit. Chirurgen, die Gesichter liften und der Schönheit operativ nachzuhelfen versuchen, erleben einen Nachfrageboom ohnegleichen. Eine Industrie, die sich darauf spezialisiert hat, schönheitserhaltende oder -fördernde Mittel zu produzieren, kann sich eines blühenden Geschäftes sicher sein. Und doch: Auch die schönsten der gekürten Schönheitsköniginnen verlieren ihre Schönheit. Hier auf Erden ist alles der Vergänglichkeit unterworfen (Röm 8,20).

Kaiserin *Sissi* von Österreich (1837–1898) galt im vorigen Jahrhundert als die schönste Frau Europas. Sie war jedoch so eitel, dass sie nach ihrem 30. Geburtstag nicht mehr gemalt und schon gar nicht mehr fotografiert werden wollte.

Die Buchautorin *Annelie Fried* schreibt: „Moderatorinnen erreichen mit vierzig das Verfallsdatum, dann zählt die Nation vor der Glotze ihre Falten.“

Der Himmel aber ist ein Ort unvergänglicher Schönheit. Alle, die dort angekommen sind, werden bleibend schön sein. Wenn wir Jesus gleich sein werden (1 Joh 3,2), dann ist die Schönheit davon nicht ausgenommen. Die irdische Bewertung *ewig jung* auszusehen, greift viel zu kurz, um das himmlische Ideal angemessen zu beschreiben.

H5: Der Himmel – der Ort des erfüllten Lebens

Ein Großteil der Menschheit lebt unter dem Existenzminimum. Täglich sterben 40 000 Kinder, weil sie nicht genug zu essen haben. Andere sind reich; sie können sich alle Güter dieser Welt leisten, aber sie sind dennoch nicht glücklich. Viele leiden unter Depressionen und Ängsten, oder die Langeweile treibt sie um.

Jesus kennt die innere und die äußere Not der Menschen: „Und da er das Volk sah, jammerte ihn desselben; denn sie waren verschmachtet und zerstreut wie Schafe, die keinen Hirten haben" (Mt 9,36). Gerade hier will er helfen; darum nennt er uns in Johannes 10,10 den Hauptgrund seines Kommens: „Ich bin gekommen, dass sie das Leben und volle Genüge haben sollen."

Schon hier auf Erden ändert Jesus mit der Bekehrung den Lebensbezug so gründlich, dass wir deutlich zwischen altem und neuem Leben unterscheiden können (Röm 6,4; Kol 2,6; 1 Petr 4,3). Im Himmel aber kommt unser Leben zur Vollendung. Dort werden wir erstmals erfahren, was wirkliche Lebensqualität bedeutet.

Ein Kritiker sagte einmal, er habe keine Lust, 10 000 Jahre auf einer Wolke zu sitzen und Harfe zu spielen. Das sind selbstgezimmerte Bilder einer Ewigkeit, die die Bibel nirgends so beschreibt.

Der Himmel ist Leben im Überfluss. Mangel ist dort ein Fremdwort, denn es gibt nichts mehr zu verbessern. Langeweile ist dort unbekannt, weil der Himmel vollkommen ist und erfülltes Leben bietet.

Während die Hölle auch als ein Ort bleibender unerfüllter Sehnsüchte bezeichnet werden kann, wird es im Himmel keine Sehnsucht mehr geben. Nicht in dem Sinne, dass sich die irdischen Sehnsüchte dort alle erfüllen werden, sondern dass uns der ganze jetzt noch unvorstellbare Reichtum des Himmels zuteil wird, der keine weiteren Wünsche mehr aufkommen lässt.

Wenn wir hier auf der Erde schöne Augenblicke erleben, möchten wir sie gerne festhalten. Das ist es, was *Goethe* beschreibt: „Verweile doch, du bist so schön!" Auch Kameras und Videos frieren nur Gewesenes ein; sie repräsentieren kein Leben. Der Himmel ist so etwas wie *ewige Gleichzeitigkeit*. Nichts ist mehr der Vergänglichkeit unterworfen. Alles ist bleibend.

Hier können wir uns immer nur an einem Ort aufhalten. Jede Reise bringt Trennung von anderen lieben Menschen. Das „Good Bye" ist oft schmerzlich. Auch das gehört zur Qualität des Himmels: Dort gibt es kein „Good Bye" mehr.

H6: Der Himmel – ein Ort mit einer Wohnung für uns

Die Architekten dieser Welt haben sich immer wieder neuartige Konstruktionen erdacht. Das Atomium in Brüssel ist in Anlehnung an die Struktur der Elementarzelle eines Eisenkristalls (kubisch raumzentriert) gestaltet. *Jörn Utzon*, der Architekt der Sydney-Oper, ließ sich von einer geschälten Apfelsine inspirieren. Wir bestaunen mächtige Paläste in Glas und hochragende Fernsehtürme aus Beton. Ein Architekt schrieb: „Die Architektur vereint

künstlerischen Anspruch und technische Perfektion. Die
Sehnsucht nach dem Ewigen hat nicht nur in der Vergangenheit so manchen bautechnischen Fortschritt inspiriert.
Neben architektonischen Meisterwerken zählen Monu-
mentalbauten wie die Chinesische Mauer und die Pyramiden von Gizeh zum Langlebigsten, was Menschenhän-
de errichtet haben."

Auf der Nordseeinsel Juist wurde 1998 das historische
Kurhaus aus dem Jahre 1898 nach einer über zweijähri-
gen Rekonstruktionszeit wiedereröffnet. Kommt man vom
Festland mit dem Schiff, so sieht man schon weithin vom
Meer aus, auf einer erhöhten Düne liegend, das alles über-
ragende weiße Gebäude – das *weiße Schloss am Meer*. Neben einem Hotel der *First-Class-Kategorie* mit dem Wei-
ßen Saal, einem Restaurant, einer Kaminbar und einem
Kinderclub wurden im Kurhaus auch Eigentumswohnun-
gen eingerichtet (man zahlt z.B. 1 049 800 DM für nur
80 m², also den stolzen Preis von über 13 000 DM/m²).
Aber selbst die komfortabelsten Appartements können
nur zeitweise beides bieten, den Blick zum Meer und zur
Sonne. Zur Nordseite gelegene Wohnungen haben zwar
den gewünschten Meeresblick, dafür aber keine Sonnenseite. Möchte man die Sonnenseite, muss man auf den
Meeresblick verzichten. Vollkommen ist es nirgends.

In der Ewigkeit werden wir eine Wohnung beziehen, deren Architekt Jesus ist. Was er, der Schöpfer dieser Welt,
gestaltet, wird etwas sein, was sich kein irdischer Architekt
auch nur im Traum hat vorstellen können. In Johannes 14,2-3
sagt Jesus: „In meines Vaters Hause sind viele Wohnungen. Wenn's nicht so wäre, hätte ich dann zu euch gesagt:
Ich gehe hin, euch die Stätte zu bereiten? Und wenn ich
hingehe, euch die Stätte zu bereiten, will ich wiederkom-

men und euch zu mir nehmen, damit ihr seid, wo ich bin."
An unserer Heimstatt baut er schon seit fast 2000 Jahren.
Wie herrlich muss da wohl das Ergebnis sein! Alles, was
das Juister Kurhaus bietet, wird von den himmlischen
Wohnungen weit in den Schatten gestellt. Wenn schon
keine Schneeflocke einer anderen gleicht und jedes Ei-
chenblatt in dieser Schöpfung eine einmalige und nicht
wiederholbare Kreation ist, wie viel mehr gilt das für die
von Jesus gebauten Wohnungen! Wiederholungen gibt es
nicht; alles ist äußerst individuell auf den Bewohner zu-
geschnitten. Immer und ewig haben wir dort einen Platz
unter der nie untergehenden Sonne.

H7: Der Himmel – ein Ort des Regierens

Im Himmel wird gesungen und gefeiert, aber wir sind auch
zu mancherlei Diensten eingesetzt: „Sie werden regieren
von Ewigkeit zu Ewigkeit" (Offb 22,5).

Im Gleichnis von den anvertrauten Pfunden nach Lukas
19,11-27 bekommt jeder Knecht ein Pfund zugeteilt, um
damit zu arbeiten (zu „wuchern"). Der eine hat die geschenkte Gabe verzehnfacht, ein anderer hat sie verfünf-
facht. Bei der Beurteilung Jesu wird dem ersten gesagt:
„Recht so, du tüchtiger Knecht, weil du im Geringsten
treu gewesen bist, sollst du Macht haben über zehn Städte" (Lk 19,17). Der zweite erhält einen seinem Wirken
angemessenen Lohn: „Und du sollst über fünf Städte herr-
schen" (Lk 19,19).

Daraus können wir schließen: In der Ewigkeit wird uns
die Verantwortung des Regierens übertragen. Bei Gott
gibt es keine Gleichmacherei. So sind auch die zugeteil-

ten Bereiche keineswegs gleichgroß, sondern sie sind abhängig von unserem Fleiß, den wir hier für das Reich
Gottes eingesetzt haben. Im Himmel werden wir mit Jesus regieren. Wir haben also Anteil an den Regierungs-
geschäften der Ewigkeit.

Politiker setzen hier alles daran, um Wahlen zu gewinnen. Im Himmel wird uns das Regierungsamt bleibend
geschenkt. Diese Tätigkeit ist mit vielen abwechslungs-
reichen und kreativen Aufgaben verbunden. Alles wird
gelingen, denn es gibt weder Mobbing noch Erfolgsdruck
noch Stress.

H8: Der Himmel – der Ort, wo Jesus ist

Es gibt mancherlei historische Begegnungen mit weitrei-
chenden Folgen. So verdanken wir die Erfindung des Por-
zellans der Begegnung des Physikers *Tschirnhaus* mit dem
Alchemisten *Johann Friedrich Böttger*. Aber auch in unseren Tagen kann aus einer unvorhergesehenen Begegnung
etwas Besonderes erwachsen, insbesondere, wenn Gottes
Führung dahinter erkennbar wird. Da treffen zwei Menschen aufeinander, die sich vorher nie gesehen haben. Sie
werden in einer Sache eins und handeln konsequent danach. Große Wirkungen sind dann die Folge.

Die Begegnung mit den weitreichendsten Folgen ist jedoch
die, wenn der Mensch Gott begegnet. Dann findet er in
Jesus das Leben, das ewig währt. Die Bibel nennt uns viele
derartige Beispiele. So erlebte Zachäus, der Chefzöllner
von Jericho, den Durchbruch vom Gauner zum Kind des
Heils (Lk 19,1-10). Der Finanzminister von Äthiopien suchte Gott in Jerusalem und fand ihn in der Wüste in Jesus

(Apg 8,26-39). Nach der Gewissheit seiner Errettung konnte er seine Straße fröhlich weiterziehen. Saulus wurde durch Jesus zum Paulus. Vom Christenverfolger wurde er zum größten Missionar aller Zeiten (Apg 26,12-18). So kann es auch heute noch ein jeder auf seine Weise erfahren, wenn er sich auf Jesus einlässt. Wer heute die Begegnung mit Jesus wagt, gewinnt den Himmel.

In Johannes 17,24 betet Jesus zum Vater: „Vater, ich will, dass, wo ich bin auch die bei mir seien, die du mir gegeben hast." Im Himmel erfüllt sich dieses Gebet. Wir werden allezeit bei ihm sein. Es wird ein atemberaubendes Staunen geben, wenn der Glaube zum Schauen kommt. Überrascht rief die Königin von Saba bei der Ankunft am Hofe Salomos aus: „Nicht die Hälfte hat man mir gesagt!" (2 Chr 9,6). Wie viel mehr trifft dieser Ausspruch bei unserer Ankunft im Reich Gottes zu. Hier haben wir noch viele Fragen, auf die wir dringend eine Antwort suchen. Dort bei Jesus wird alles geklärt sein: „An demselben Tage werdet ihr mich nichts mehr fragen" (Joh 16,23).

In der Gegenwart Gottes und Jesu „wird keine Nacht mehr sein" (Offb 22,5). Wir benötigen dort keinen Schlaf mehr – also gibt es im Himmel auch keine Betten. Ewig wird die Sonne scheinen. Es ist kein Himmelskörper, der sein Licht sendet. Keine geschaffene Sonne strahlt in Ewigkeit, sondern „die Herrlichkeit Gottes erleuchtet sie, und ihre Leuchte ist [Jesus,] das Lamm [Gottes]" (Offb 21,23). Jesaja sah prophetisch die ewige Sonne in jener Welt Gottes: „Die [jetzige] Sonne soll nicht mehr des Tages dir scheinen und der Glanz des Mondes soll dir nicht leuchten; sondern der Herr wird dein ewiges Licht und dein Gott wird dein Preis sein. Deine Sonne wird nicht mehr untergehen" (Jes 60,19-20).

Tausende von Sonnenhungrigen fahren Jahr für Jahr an überfüllte Strände mit gleißender Sonne, aber viele holen sich einen Sonnenbrand und setzen sich der Gefahr des Hautkrebses aus. Sonnencremes mit hohen Schutzfaktoren sind gefragt. Die ewige Sonne des Himmels aber wird wohltuend sein und niemanden verbrennen. Es wird auch keine sengende Sonne mit gefährdender Hitze sein (Offb 7,16), wie wir sie von den Wüsten dieser Erde kennen.

H9: Im Himmel – dort werden wir Jesus gleich sein

Ich wage es kaum auszusprechen, aber es steht in 1. Johannes 3,2 geschrieben: „Meine Lieben, wir sind schon Gottes Kinder; es ist aber noch nicht offenbar geworden, was wir sein werden. Wir wissen aber: wenn es offenbar wird, **werden wir ihm gleich sein**."

Was bedeutet das? In der Schöpfung wurde zwar der Mensch zum Bilde Gottes geschaffen, aber im Sündenfall ging diese Ebenbildlichkeit verloren. Nur von Jesus sagt die Bibel: „Er ist der Abglanz seiner [= Gottes] Herrlichkeit und das Ebenbild seines Wesens" (Hebr 1,3). Wenn wir im Himmel Jesus gleich sein werden, dann ist konsequenterweise daraus zu schließen: Wir werden so umgestaltet, dass auch wir der Abglanz der Herrlichkeit Gottes und das Ebenbild seines Wesens sein werden.

Individuell wird jeder eine eigene Persönlichkeit sein, aber die qualitativen physischen Merkmale (Schönheit, Herrlichkeit, Gestalt, körperliche Vollkommenheit) werden mit denen des Herrn Jesus übereinstimmen (Phil 3,21). Dieser Körper ist nicht mehr raum- und zeitgebunden (Joh 20,19).

Hier auf der Erde treffen wir nur manchmal auf Menschen, mit denen wir gedanklich in vielen Punkten übereinstimmen. Gespräche werden zu einem Erlebnis und die Zeit vergeht im Fluge. Das Gesagte wirkt stimulierend und bereichernd und führt zu neuen Erkenntnissen, auf die wir ohne den Hinweis des anderen nicht gekommen wären.

Im Himmel werden wir mit Jesu Gedanken völlig eins sein. Die Kommunikation mit ihm wird ein wichtiges kreatives Element sein. Auch wenn alle unsere irdischen Fragen längst beantwortet sein werden, wird es dennoch Neues – und zwar unbegrenzt – zu denken geben. So wie wir hier uns lieb gewordene Menschen mehr und mehr kennen lernen wollen, werden wir dort darauf aus sein, den unausforschlichen Reichtum Gottes (Jes 40,28) und Jesu (Kol 2,3) ergründen zu wollen. Sogleich nach der Erschaffung des Menschen begann Gott mit ihm zu sprechen und gab ihm als Allererstes den kreativen Auftrag, die Tiere zu benennen (1 Mo 2,19-20). Ist es nicht folgerichtig, dass der Herr im Himmel dieses kreative Gespräch fortsetzt? Die himmlische Kommunikation ist kein Austausch von bekanntem Lexikonwissen, sondern stetig bereichernder Diskurs.

H10: Der Himmel – ein Grund zu großer Vorfreude

Untersuchen wir die Reden Jesu nach ihrem Inhalt, so springt uns ein Aspekt geradezu ins Auge. Er verkündigte unentwegt die Botschaft des Himmels. Seine Predigt-

tätigkeit begann er mit den Worten: „Die Zeit ist erfüllt
und das Reich Gottes ist herbeigekommen. Tut Buße und
glaubt an das Evangelium!" (Mark 1,15). In immer wieder neuen Gleichnissen erklärt er den Zuhörern das Wesen des Himmelreichs: „Das Himmelreich ist gleich

- einem Menschen, der guten Samen auf den Acker säte"
  (Mt 13,24).
- einem Senfkorn …" (Mt 13,31).
- einem Sauerteig …" (Mt 13,33).
- einem verborgenen Schatz im Acker …" (Mt 13,44).
- einem Kaufmann …" (Mt 13,45).
- einem Netz …" (Mt 13,47).
- einem König, der seinem Sohn Hochzeit machte" (Mt
  22,2).

Das seelsorgerliche Gespräch mit Zachäus endet mit Worten, die sich auf die ewige Errettung beziehen: „Heute ist
diesem Hause Heil widerfahren, … denn des Menschen
Sohn ist gekommen, zu suchen und selig zu machen, was
verloren ist" (Lk 19,9-10).

Den Kindern verheißt er nicht ein schönes noch vor ihnen liegendes Leben, sondern den Himmel: „Lasset die
Kinder zu mir kommen und wehret ihnen nicht; denn solcher ist das Reich Gottes" (Lk 18,16).

Dem Gichtbrüchigen sagt Jesus nicht zuerst „Stehe auf
und wandle!", sondern „Deine Sünden sind dir vergeben"
(Mt 9,2). Auch hieran wird deutlich: Die Voraussetzung
für den Himmel, nämlich die Befreiung von der Sünde,
hat für Jesus allerhöchste Priorität.

Die heute so häufig für rein irdische Zwecke missbrauchte Bergpredigt hat in ihren Kernaussagen den Himmel im Blick:

– „Selig sind, die um der Gerechtigkeit willen verfolgt werden; denn das Himmelreich ist ihr" (Mt 5,10).

– „Trachtet zuerst nach dem Reich Gottes und nach seiner Gerechtigkeit, so wird euch solches alles zufallen" (Mt 6,33).

– „Gehet ein durch die enge Pforte. Denn die Pforte ist weit, und der Weg ist breit, der zur Verdammnis führt, und ihrer sind viele, die darauf wandeln. Und die Pforte ist eng, und der Weg ist schmal, der zum Leben führt, und wenige sind ihrer, die ihn finden" (Mt 7,13-14).

Als die Jünger von einem Missionseinsatz zurückkamen, freuten sie sich darüber, dass ihnen sogar die bösen Geister untertan sein mussten. Jesus aber verwies sie auf eine andere Freude: „Freuet euch aber, dass eure Namen im Himmel geschrieben sind" (Luk 10,20). Dieser Freude hat Jesus den absoluten ersten Stellenwert eingeräumt. In 1. Petrus 1,8 ist vom Maß dieser Freude geschrieben: „… freuet euch mit unaussprechlicher und herrlicher Freude."

Wenn wir auch nur einem Menschen den Weg zur Seligkeit weisen, die Folge wird unaussprechliche Freude im Himmel sein: „Also auch, sage ich euch, wird Freude sein vor den Engeln Gottes über einen Sünder, der Buße tut" (Lk 15,10).

Diese von Jesus selbst gesetzten Maßstäbe bedeuten Folgendes:

- Seine Jünger haben in erster Linie das Heil zu verkündigen, das die Menschen zum Himmel bringt. Diese Priorität des göttlichen Auftrags ist nie verändert worden.

- Das ewige Ziel muss bis zur Wiederkunft Jesu das beherrschende Thema biblischer Predigt und Seelsorge sein.

- Das Wissen um unsere Heimat im Himmel (Phil 3,20) soll unser Leben prägen und ihm Ausstrahlung verleihen.

Erklärung der verwendeten Abkürzungen
für die biblischen Bücher

Bücher des Alten Testaments (AT)

1 Mo	1. Mose (Genesis)	Pred	Prediger
2 Mo	2. Mose (Exodus)	Hoh	Hohelied
3 Mo	3. Mose (Leviticus)	Jes	Jesaja
4 Mo	4. Mose (Numeri)	Jer	Jeremia
5 Mo	5. Mose (Deuteronomium)	Klgl	Klagelieder
Jos	Josua	Hes	Hesekiel
Ri	Richter	Dan	Daniel
Rt	Ruth	Hos	Hosea
1 Sam	1. Samuel	Jl	Joel
2 Sam	2. Samuel	Am	Amos
1 Kön	1. Könige	Ob	Obadja
2 Kön	2. Könige	Jn	Jona
1 Chr	1. Chronik	Mi	Micha
2 Chr	2. Chronik	Nah	Nahum
Es	Esra	Hab	Habakuk
Neh	Nehemia	Zep	Zephanja
Esth	Esther	Hag	Haggai
Hiob	Hiob	Sach	Sacharja
Ps	Psalmen	Mal	Maleachi
Spr	Sprüche		

Bücher des Neuen Testaments (NT)

Mt	Matthäus	1 Tim	1. Timotheus
Mk	Markus	2 Tim	2. Timotheus
Lk	Lukas	Tit	Titus
Joh	Johannes	Phlm	Philemon
Apg	Apostelgeschichte	1 Petr	1. Petrus
Röm	Römer	2 Petr	2. Petrus
1 Kor	1. Korinther	1 Joh	1. Johannes
2 Kor	2. Korinther	2 Joh	2. Johannes
Gal	Galater	3 Joh	3. Johannes
Eph	Epheser	Hebr	Hebräer
Phil	Philipper	Jak	Jakobus
Kol	Kolosser	Jud	Judas
1 Thess	1. Thessalonicher	Offb	Offenbarung
2 Thess	2. Thessalonicher		

Literatur

[B1]   Bauch, A., Fischer, B., Heindorff, T., Schröder, R.: Performance of the PTB reconstructed primary clock CS1 and an estimate of its current uncertainty. Metrologia (1998), Bd. 35, S. 829-845

[B2]   Boschke, F.L.: Und 1000 Jahre sind wie ein Tag. – Die Zeit, das unverstandene Phänomen – Knaur, 1. Auflage 1979, 223 S.

[C1]   Clairon, A., Laurent, P., Santarelli, G., Ghezalli, S., Lea, S.N., Bahoura, M.: A Cesium fountain frequency standard: preliminary results. IEEE, Transactions on Instrumentation and Measurement (1995), Band 44, S. 128-131

[D1]   Davies, P.: Die Unsterblichkeit der Zeit. Scherz Verlag, 4. Auflage 1996, 349 S.

[F1]   Feynman, R.P.: Vom Wesen physikalischer Gesetze. Piper-Verlag, München, Zürich, 2. Auflage 1993, 216 S.

[G1]   Gitt, W.: Am Anfang war die Information. Hänssler-Verlag, Holzgerlingen, 3. überarbeitete und erweiterte Auflage 2002, 360 S.

[G2]   Gitt, W.: Fragen, die immer wieder gestellt werden. CLV, Bielefeld, 19. Auflage 2003, 191 S.

[G3]   Gitt, W.: Signale aus dem All – Wozu gibt es Sterne? CLV, Bielefeld, 4. Auflage 2004, 222 S.

[G4]   Gitt, W.: In sechs Tagen vom Chaos zum Menschen. Logos oder Chaos – Naturwissenschaftliche und biblische Grundfragen zur Schöpfung –, Aussagen und Einwände zur Evolutionslehre. Hänssler-Verlag, Holzgerlingen, 6. aktualisierte Auflage 2002, 238 S.

[G5]   Gitt, W.: Was ist Zeit, und was ist Ewigkeit? Astronomie + Raumfahrt 36 (1999), H. 2, S. 16-19

[G6]   Gitt, W.: Ist Information eine Eigenschaft der Materie? Westdeutscher Verlag, EuS 9 (1998), Heft 2, S. 205-207

[K1]   Kemner, H.: Jesus trifft dich überall. Brunnen Verlag, Gießen, Basel, 1971, 80 S.

[K2]   Kunsch, K.: Der Mensch in Zahlen. Gustav Fischer Verlag, Stuttgart, Jena, Lübeck, Ulm, 1997, 344 S.

[M1]   Mettler, M.: Die Kunst, Zeit zu haben. Cross Talk, The Magazine for European Business Flyers, Febr. 1999, S. 32-33

[M2]   Muschalek, M.: Gottbekenntnisse moderner Naturforscher. Morus-Verlag, Berlin, 4. Auflage 1964, 296 S.

[S1]   Seydel, R., Meier, B.: Romy Schneider – Ein Leben in Bildern. Henschel Verlag, Berlin: 1996, 344 S.

[S2]   Sobel, D.: Längengrad. Berlin Verlag, 1. Auflage 1996, 239 S.

[X1]   SI System. Das internationale Einheitssystem (SI). Friedr. Vieweg & Sohn, Braunschweig, 1982, 66 S.

Werner Gitt
Faszination Mensch

Bildband

128 Seiten
vierfarbig
ISBN 3-89397-649-3

Der Autor zeigt, dass der Mensch eine
geniale Konstruktion Gottes ist. Er
beschreibt Sinnesorgane wie das Auge, das
Ohr, den Geruchsinn, den Geschmacksinn
und den Tastsinn. Danach schildert er
den Aufbau der inneren Organe wie
Herz, Blutsystem, Niere, die Zellen, die
Erbsubstanz DNS und das Gehirn.
Anhand dieser Beispiele wendet sich
Werner Gitt an den verlorenen Menschen
und zeigt einen Schöpfer, der das
Verlorene sucht, bis er es gefunden hat. Als
wunderschöner, hervorragend gemachter
Bildband ein ideales Geschenk für Christen
wie für Außenstehende.

Auch erhältlich in:

Englisch	ISBN 3-89397-397-4
Russisch	ISBN 3-89397-396-6
Afrikaans	ISBN 3-89397-637-X
Ungarisch	ISBN 3-89397-638-8
Polnisch	ISBN 3-89397-639-6
Französisch	ISBN 3-89397-640-X

Werner Gitt
Und die anderen Religionen?

176 Seiten
ISBN 3-89397-146-7

In einer Zeit, in der man sich vom
»Dialog zwischen den Religionen« und
von »Toleranz und Verständigung« viel für
die Zukunft unseres Planeten verspricht,
bietet dieses Buch eine wertvolle
Orientierung. Es geht um die Frage: »Es
gibt so viele Religionen. Sind alle falsch,
gibt es eine richtige, oder führen letztlich
doch alle zum Ziel?«
Der Autor zeigt anhand des Themas
»Erfindungen«, dass letztlich auch die
Religionen menschliche Erfindungen sind
und nicht zu Gott und ewigem Leben
führen können. Der Unterschied zwischen
Religiosität und lebendigem Christsein,
zwischen Religion und Evangelium, wird
sehr deutlich herausgestellt.

Auch erhältlich in:

Russisch	ISBN 3-89397-169-6
Polnisch	ISBN 3-89397-440-7
Spanisch	ISBN 3-89397-539-X
Englisch	ISBN 3-89397-765-1

Taschenbuch

Werner Gitt
Wenn Tiere reden könnten …

128 Seiten
ISBN 3-89397-133-5

Taschenbuch

Den beiden Autoren ist in diesem Buch hervorragend gelungen, eine Menge Informationen zum Thema Schöpfung / Evolution auf äußerst interessante, unterhaltsame Weise zu vermitteln. Spatz, Blauwal, Regenwurm, Schnabeltier, Libelle, Goldregenpfeifer und eine Darmbakterie »erzählen«, wie wunderbar Gott sie geschaffen und mit welch erstaunlichen Fähigkeiten er sie ausgestattet hat. Mit feinem Humor und etwas Ironie gehen sie hier und da auf evolutionistische Theorien ein, konzentrieren sich aber ansonsten auf die Verdeutlichung von Gottes Weisheit und Größe als Schöpfer und Erlöser.
Ein Buch, das Alt und Jung, Christen wie Nichtchristen, Fachleute und Laien mit Gewinn lesen werden.

Auch erhältlich in:

Russisch	ISBN 3-89397-149-1
Spanisch	ISBN 3-89397-412-1
Rumänisch	ISBN 3-89397-527-6
Französisch	ISBN 3-89397-710-4
Englisch	ISBN 3-89397-760-0

Werner Gitt
Signale aus dem All
Wozu gibt es Sterne?

Taschenbuch

224 Seiten
ISBN 3-89397-705-8

Ein faszinierendes Buch! Der Autor
bietet erstaunliche Daten und Fakten
über Vielzahl, Größe, Entfernung und
Aufgaben der Sterne und vermittelt so
einen tiefen Eindruck von der Größe
und Weisheit unseres Schöpfers.
Ferner werden Fragen nach der
Herkunft des Universums und nach dem
Stern von Bethlehem behandelt und
schließlich das Wunder der Gnade
Gottes gezeigt, dass der Schöpfer
Mensch wird und sich von seinen
Geschöpfen kreuzigen lässt.
Ein Anhang klärt fachspezifische Fragen
über Astronomie. Ein ideales Buch
zur Weitergabe an Außenstehende,
weil es interessante Fakten vermittelt
und zugleich unaufdringlich, aber
eindrücklich das Evangelium
verdeutlicht.

Auch erhältlich in:

Englisch   ISBN 3-89397-787-2